The Stepkin Stories

ステップキンと 7つの家族
[再婚と子どもをめぐる物語]

peggy lumpkin ペギー・ランプキン ●著
masako nakagawa 中川 雅子 ●訳
tomoko nagata 永田 智子 ●絵

太郎次郎社エディタス

ステップキンと7つの家族

[再婚と子どもをめぐる物語]

peggy lumpkin　ペギー・ランプキン●著
masako nakagawa　中川 雅子●訳
tomoko nagata　永田 智子●絵

The Stepkin Stories

太郎次郎社エディタス

The Stepkin Stories by Peggy Lumpkin
Copyright © Peggy Lumpkin 1999

Japanese translation rights arranged
directly with the auther
through Tuttle-Mori Agency, Inc., Tokyo

[目次]

はじめに……………★4

この本を活用していただくために……………………★6

第1話　消えたタオルのなぞ……………………★9
　　　「パパとママが離婚するなんて。わたしはどうなるの？」

第2話　ママのカレシに魔法をかけろ………………★29
　　　「ママに恋人はいらない。ママはぼくらが守る」

第3話　ママは新婚旅行中………………★47
　　　「そして、わたしはひとりぼっち」

第4話　新しいパパからのプレゼント…………………★65
　　　「新しいパパとの生活。でも、もうぼくの家じゃないみたい」

第5話　ある日、弟がやってきた………………★83
　　　「いままでどおり、ぼくはひとりっ子がいいのに」

第6話　わたしをスパイにしないで…………………★101
　　　「べつべつに暮らすパパとママ。わたしがしてあげられることは？」

第7話　パパの家族とすごす夏…………………★119
　　　「パパの新しい家族は、ぼくとはあわないよ」

訳者あとがき………………★141

[はじめに]

　この本の7つの物語には、親の離婚・再婚という問題に直面した子どもたちの姿が描かれています。
　物語のなかで子どもたちが出会う「ステップキン」は、階段(ステップ—steps)の下に住む空想上の存在です。親の離婚やステップファミリー(再婚家族)の問題に直面してとまどう子どもの声にじっと耳を傾け、再出発へのヒントと力を与えてくれる妖精たちです。

　ステップファミリーのありかたはさまざまです。
　古典的なお話のなかで描かれてきた「つらくて冷え冷えした」親子関係ではなく、「明るく前向きな」新しい親子の関係を築いていけるよう、子どもたちを（そして親を）手助けしたい——それがステップキンたちの願いです。

お父さん・お母さん、学校や保育園・幼稚園の先生、カウンセラー、おじいさん・おばあさん、図書館のかた、あるいはどなたでも、子どもの身近にいる大人が、子どもに読んであげてください。

　それぞれの物語は、声に出してだいたい10〜15分ほどで読める長さになっています。

　各物語のあとには、大人のためのガイドがあります。

　親の離婚・再婚というむずかしい状況におかれた子どもたちが、冒険と空想の世界でステップキンたちと出会い、未知の生活への不安や恐れを乗り越える力を見いだしてくれることを願っています。

[**この本を活用していただくために**]

　7つの物語は、主人公たちが問題を克服していった道筋を語ることで、同じような状況にある子ども自身が、離婚やステップファミリーの問題を乗り越えられるようにと意図されています。
「第1話―消えたタオルのなぞ」は、親の離婚に直面した子どもたちが、最初にぶつかる問題を乗り越えるためのヒントを提示しています。
「第2話―ママのカレシに魔法をかけろ」は、親が新しい相手とつきあいはじめたときの、子どものとまどいをあつかっています。
「第3話―ママは新婚旅行中」は、親が再婚したときの子どもの悩みをとりあげています。
「第4話―新しいパパからのプレゼント」は、新しい親とのつきあい方を子どもに提案しています。
「第5話―ある日、弟がやってきた」は、親の違うきょうだいのあいだで起こる典型的な摩擦のひとつを描いています。
「第6話―わたしをスパイにしないで」は、いっしょに暮らしていない親と子が、よりよい関係を築くための物語です。
「第7話―パパの家族とすごす夏」では、離れて暮らす親が再婚し、その新しい家族を訪ねたときに起こるさまざまな出来事を描いています。

●

　各物語のうしろには、「大人のためのガイド」がついています。
　ガイドでは、親の離婚・再婚にさいして子どもがしめすマイナスの

反応について解説しています。とくによくみられる子どもの反応については、何度もくり返し触れています。子どもたちはこうした反応を、いろいろなときに、いろいろなかたちであらわします。具体的にどんな反応をしめすかは、子どもの年齢によっても違います。

　2歳以下の子どもは一般に、漠然とした不安、いらだち、不機嫌などを募らせていきます。

　3歳〜5歳くらいの子どもは多くの場合、罪の意識をもったり、現実を受け入れるのを拒否したりします。また、自尊心をもてなくなったり、退行現象をみせたり、攻撃性を、あるいは逆に依存心を強くしめすようになったりします。

　6歳〜8歳の子どもは一般に、怒り、恐怖、悲しみ、拒否をしめします。また、親に裏切られたと思ったり、逆に自分の感情を抑えこんだりすることもあります。

●

　お子さんに物語を読んであげながら（あるいは読んだあとで）、登場人物の気持ちについて、子どもと話をしてみてください。

　たとえば、「ケリーはなぜさびしいのかな？」と聞いたあとで、「ケリーみたいな気持ちになったこと、ある？」「ケリーと同じように思っている子を知っている？」などとたずねてみてください。もちろん、お子さんの年齢にあった対話がたいせつです。

　でも、たとえ子どもがまだ話しあえる状態になっていなくても、がっかりしないでください。ガイドのなかのいろいろな考え方を伝えているうちに、子どもは徐々に自分の状況を理解し、乗り越えられるようになっていくことでしょう。

●

　離婚や再婚家庭で起こる種々の問題のさなかにある子どもたちを、

身近な大人はどう支えられるか──。ガイドでは、そのための具体的な考え方をとくに選んでとりあげました。

　離婚が増えている現在、こうしたメッセージは、離婚・再婚家庭の子どもにとってだけでなく、そうした友だちがいる子にとって、また親が離婚しそうで不安な子にとっても、きっと役に立つと思います。また、法的結婚をしていない場合でも、その関係が終わるとき、子どもは、離婚と同じ反応をしめすものです。

●

　この本は、子どもたちの助けになることを願って書かれました。しかし、離婚がもたらす悲しみや怒りに対する即効薬ではありません。

　子どもの心身の状態によっては、カウンセラーや医療機関などの助けを借りることをすすめます。また、学校や幼稚園・保育園など、その子にかかわる大人との連携も必要でしょう。親自身が情報や助けを得ることは、とてもたいせつなことです。

　子どものことに日々、心をくだいているあなたの努力が、きっと報われますように。

────きっとまた、楽しくなれる？

第1話
消えたタオルのなぞ

両手で耳をふさぎながら、ケリーが玄関からとびだしてきました。
　家のなかからは、ママの大きな声がひびいてきます。また電話でパパとケンカしているのです。電話のむこうにいるパパのどなり声さえ、ここまで聞こえてくるようです。
　ケリーは、ママとパパのケンカをやめさせたいと、いつも願っています。
　ケリーは玄関の外の階段に、そっとこしをおろしました。お気に入りのタオルといっしょでも、ちっとも

気もちはおちつきません。いつのまにか、タオルをしっかりほっぺたにくっつけて、親指をしゃぶっていました。

　こんなところをだれかに見られたら、たいへんです。だって、ケリーくらい大きくなった子が、あかちゃんみたいに〝おまもりタオル〟をかかえて指しゃぶりをしていたら、だれもがおかしいと言うにきまっています。でも、いまは非常事態です。

　パパとママがはげしく言いあらそうのを聞くのは、いやでした。

　──「しあわせになろうね」って、結婚したんでしょう？　わすれたの？　でも、いま聞こえてくるのは、なに？　ああ、またママが泣いてる。

　ケリーはあわてて家のなかに入りました。タオルをドアの外においたまま。
「ママ、ママ、お願い。泣かないで。パパはきっと、すぐに帰ってくるから」
　ママはなみだをふいて鼻をかむと、「ねえ、ケリー」と言いました。そして、離婚について説明してくれました。
「パパはもう帰ってこないの。わかる？　これからは、ケリーがパパに会いにいくのよ」
「でも、ママ……」

第1話　消えたタオルのなぞ　　11

ケリーは泣きそうになるのをがまんするのが、せいいっぱいでした。
　パパとママがなかなおりするのを、ケリーはずうっと願っていました。だから友だちには、「うちのパパは、お仕事で遠くにいってるんだ」って、話しているのです。
　これまでにないほど、こんなに一生懸命に願いごとをしているのだから、パパはきっと帰ってくると、ケリーは信じています。なぜって、お人形がほしかったときだって、これほど熱心には願いごとをしなかったのに、人形を買ってもらえたんですから。
　ところが、「パパとママがなかなおりしますように」というケリーの願いは、なかなかかないません。
　友だちと遊ぶのも、だんだん気がすすまなくなってきました。とくに、なかのいい両親のいる友だちをさけるようになりました。おなかがいたいと言って、学校を休むこともありました。なにをする気もなくなってしまったのです。

　泣かないでいようと思っても、むりでした。いまや、たよれるのは〝おまもりタオル〟だけです。
　ケリーはタオルを探しました。
　指をしゃぶりながらタオルをしっかりだいていれば、

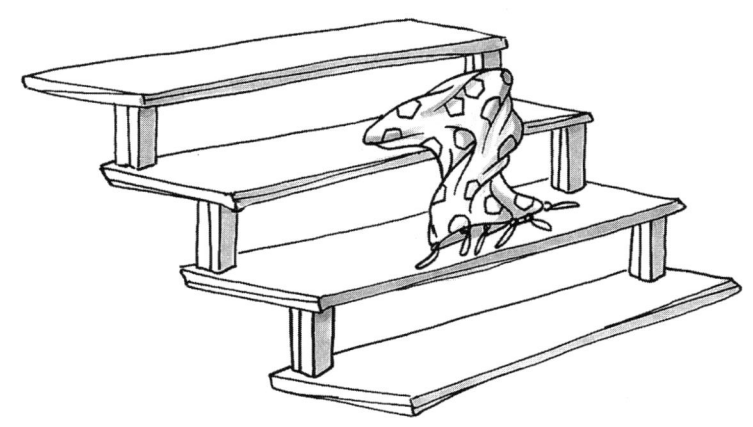

少しは気もちがおちつくはずです。
　でも——。だいじなタオルはどこ？
　ケリーはあわてて、タオルをとりに、玄関にもどりました。
　ところが、ドアの外におちているはずのタオルがありません。
　いったい、どこへ行っちゃったの？
　だれかが持っていったの？
　階段のすきまからおちたの？
　風でとばされちゃったの？
　ケリーはあちこち探しまわりました。ポストのなかを見ました。自転車のまわりも調べました。大きな植木ばちの下まで探しました。でも、タオルはどこにもありませんでした。

玄関の階段は、段と段とのあいだにすきまがあります。このすきまからおちたにちがいないと思ったケリーは、なかをのぞきこんでみました。
「あれっ、どうして？　階段の下は暗いはずなのに、どうしてこんなに明るいの？」
　そのときでした。ふたつの目がこちらを見ているのです！　ケリーは目をまんまるくしました。
　ケリーはその目を見つめました。その目もケリーを見つめています。

そのすがたを、ケリーはまじまじと見つめました。いま、目のまえにいるものが信じられません。
　階段の真下には、ちっちゃな、ちっちゃな女の子が立っていました。
　背の高さは、ちょうど階段一段ぶんくらい。その女の子はとってもかわいくて、やさしそうで、そしてなにより小さいのです。しかも耳のうしろから、きらきらとかがやく光をはなっています。
　その子がにこにこと笑っているのを見て、ケリーはほっとしました。
「こんにちは。あたしはケリー。あなたはしゃべることができる？」
　女の子をおどろかさないように、そっと、小さな声で話しかけると、女の子は答えました。
「もちろん。歌だって得意。それで、あたしの名前はメロディーっていうの。ねえ、あなたは、歌うの好き？」
「うん」。そう言ってからケリーは、いま家のなかでおきていることを思い出しました。
「まえはよく歌ったけど、いまは悲しくって歌えない」
　するとメロディーが言いました。
「元気ないのね。そうだ、うちにこない？　あたしの

母さんが焼いたハチミツ入りのバタークッキーを食べると、だれだって元気になるんだから。母さんは、ステップキン族のなかで、クッキーを焼くのがいちばんじょうずなの」
「ステップキンって？」
「あたしたちステップキンは、階段の下に住んでるの。階段がギーギーいったりしないように、気をくばるの

が仕事。ね、うちにおいでよ！」
　そこでケリーは、階段の下にもぐりこみ、ステップキン一家の小さな部屋を訪ねることにしました。

　行ってみると、その部屋は、外の〝大きな世界〟で捨てられたいろいろなものからできていました。ほしぶどうのあき箱はソファーに、あきかんはテーブルに、といったぐあいです。
　ステップキン母さんは、せっせとなにかをぬっているようでした。ケリーを見ると、マッチ箱でできた戸だなから、ビンのふたのお皿をとりだして、ハチミツ入りのバタークッキーを山もりにして、もてなしてくれました。
「母さん、友だちのケリーは、すっごくおちこんでるの」
　メロディーがそう言うと、ステップキン母さんはケリーにたずねました。
「どうしてそんなに悲しいの、ケリー？」
　ケリーはにっこりしようと思いましたが、話しはじめるとなみだが出てきてしまいました。
「パパとママがケンカしてるの。まえみたいになかよくなってほしいのに。このままじゃいや」
　ケリーはとうとう、泣きじゃくってしまいました。

「もとどおりにしようと、あたし、がんばっているんだけど、でも、でも、だめなの」
　ケリーを元気づけたくて、メロディーはクッキーのおかわりをくれました。ステップキン母さんは、ケリーに話しかけました。
「泣いたってかまわないのよ。でも、ひとつ聞いてもいい？　もし、願いごとをひとつかなえてあげると言われたら、ケリーの願いはなにかしら」
「パパとママが、もういちど、なかよしで楽しそうになること」
「パパとママは、いっしょにいてうれしそう？」
「ううん。いっしょにいると、つらいって。だから別れたいって」
「では、ケリー」と、ステップキン母さんは、イスにこしかけながら、もういちどケリーにたずねました。
「もし選べるとしたら、どっちがいいかしら。ひとつは、いっしょにいて、いつもつらそうなパパとママ。もうひとつは、離婚はしても、楽しそうにしてるパパとママ。どちらがいい？」
　ケリーはじっとゆかを見ながら、心のなかでつぶやいていました。
　──あたしがもし、ほんとに、ほんとに、とってもいい子になったら、もういちど、なかよしだった家族

にもどれるかもしれない……。
　ケリーがだまっていると、ステップキン母さんは続けました。
「ケリーたちはいつだって家族なのよ。ただ、暮らし方がいままでとは変わるだけ。お母さんはいつだってあなたのママだし、お父さんも、これからもずっとあなたのパパ。ただ、ふたりが夫婦ではなくなるということなの」
「でも、友だちのパパとママはいっしょにいて、しあわせそうだもん！」
　ケリーは思わず、大きな声を出してしまいました。
「うちのパパとママはみんなの家とはちがうなんて、そんなこと、友だちに言いたくないもん！」
「お友だちはね、ケリーが悲しいときには助けてあげたいって、きっと思ってるわよ。ケリーとなかよしのままでいたいし、ほんとうのことを言ってほしいと思うはず。だって、もしお友だちのママとパパが離婚したとしても、ケリーはそのお友だちとなかよくできるでしょう？　さあ、もうひとつ、クッキーはいかが？」
「でも、でも、もしパパとママをもとどおりにするために、できることがあったら、やってみてもいいでしょう？」
「いいえ。子どもというのはね、おとなのためになに

かをきめてあげることはできないの。あなたのせいで離婚するわけではないし、あなたが結婚を続けさせることもできないの。それにね、おとなはふつう、同じ人ともういちど結婚することはないのよ。でも、いいお友だちでいることはできるの」
「それなら、あたし、どうしたらいいの？　なんにもできないの？」
　最後のクッキーをかじりながら、ケリーは聞きました。するとステップキン母さんは、こう言いました。
「できますとも。大好き！　って言ってあげること」
　そのときケリーは、さっき部屋をとびだしたときのことを思い出しました。ママがとても悲しそうにしていたことを。
「そうだ、ママに大好きって言ってあげなきゃ……」
「そうね。また遊びにいらっしゃい」
　そう言うと、ステップキン母さんは、ぬっていた布に手をもどしました。
「さあ、このすてきなカーテンを急いでしあげなくては」
　ステップキン母さんは、ぬいあがったカーテンのはしっこから、ストローを通しはじめました。
　そのとき、ケリーは初めて気づきました。ステップキン母さんがぬっていた新しいカーテンは、ケリーの

お気に入りのタオルでできていたのです！　消えたタオルのなぞが解けました。
　お気に入りのタオルを見ると、ケリーは、またそれにほおずりしたくなりました。でも、「返して」とは言いませんでした。ケリーはそっと、心のなかでつぶやきました。
「タオルじゃなくて、ママのほっぺにしよう。タオルはステップキン母さんにあげよう」
　帰るとき、ステップキン母さんは、ある秘密を教えてくれました。
「ケリー。こわくなったり、おこりたくなったり、悲しくなったりすることがあっても、それはしかたのないこと。でも、とっておきの秘密を教えてあげましょうね。
　そんないやな気もちを追いはらってくれるふしぎな力を、だれでもみーんな、もっているの。目には見えないけれどね。
　もし、その力を借りたくなったら、目を閉じてしばらく静かにしていてごらんなさい。あったかい光がからだのなかにともるみたいに、ふしぎな力が動きだすのを、きっと感じられるはず。
　ハッピーな気分になりたいときは、そうなりたいってお願いすればいいの。勇気がでますようにってお願

いすれば、きっと勇気がわいてくるわ。そのふしぎな力は、ケリーにも、ケリーの家族にも、そう、いつでも、みんなのなかにあるの。忘れないでね」

　その夜のこと。ベッドに入ったケリーのそばにはママがいます。パパがいたころは、いつもパパが、まくらもとで本を読んでくれたものです。ケリーはそれが

恋しくてなりません。
「ママ、お話を読んでくれる？　お願い」
　ママはにっこりして、本箱からいつもの本をとりだしました。そのときママは、なにかがたりないのに気づきました。
「ケリー、〝おまもりタオル〟は？」
「ああ、あれ？　あのタオルがいる人がいたから、あげたの」
　ママがお話を読みおえるまえに、ケリーはねむくなってしまいました。
「きょうは、なんだかいいことがあったみたいね、ケリー。ハッピーエンドってことかな」
「うん」、あくびをしながらケリーは言いました。
「ハッピーになるのって、いろんな方法があるみたい」
　それからケリーは目を閉じて、ステップキン母さんが教えてくれたように、じっと静かにしてみました。
　すると、ケリーのからだはあたたかくなって、小さな声が「またハッピーになれるよ」とささやくのが聞こえました。

guide
大人のためのガイド

この物語には、親の離婚に直面したケリーという女の子のようすが描かれています。彼女のさまざまな反応は、似たような状況におかれた子どもたちの多くに共通するものです。いま、あなたの目のまえにいるお子さんも、同じような気持ちになっているかもしれませんね。

見捨てられるのではないかという恐怖
両親の関係が崩壊するのを目の当たりにした子どもは、自分と親との関係も同様にくずれさってしまうのではないかと心配し、恐れるものです。

罪悪感
自分のせいで親が離婚したと、子どもが思い込むことはよくあります。もっと「いい子」にしていたら、両親は離婚しなくてすんだのではないかと考えるのです。その結果、両親をなかなおりさせ、結婚生活をやりなおさせるのが自分の責任だと考えてしまいます。

否認
死やその他の深刻な別れに直面すると、その事実から目をそらそうとする防衛本能がはたらくものですが、親の離婚に直面した子どもにも、この「事実を認めたくない」という感情はおこりえます。離婚にともなう生活の変化が実際に始まるまえに、子どもがこの「否認」の状態からぬけだして、離婚という事実を受けとめられるようになっていることは、とてもたいせつなことです。

引きこもり
家族が変わっていくことを避けて通りたいという気持ちから、孤独を

求めるようになることがあります。子どもの場合、それは、友だちを避ける、学校や保育園に行きたがらない、というようなかたちであらわれます。

退行
子どもは無意識に赤ちゃんがえりをすることがあります。それはしあわせだったころをとり戻したいという願いからであったり、また、離婚問題で頭がいっぱいの両親の注意をひきたいという欲求のあらわれであったりします。

なかなおり幻想
この時期、子どもは、家族がもとどおりになるのを空想して時間を過ごすことが多くなります。そればかりでなく、そう願っていれば、家族がもとのようにいっしょに暮らせるようになる、と思い込んでしまうことさえあります。

子どもといっしょにこの物語を読んでみてください。
親の離婚に直面したときには、だれもがこのような気持ちを抱くものだと、子どもは気づくことができるでしょう。
ケリーが直面した問題や、ケリーがどうやってそれを乗り越えたかを話しあうことで、子ども自身のいまの気持ちや行動についても、徐々に話しあえるようになるといいですね。

あなた自身の言葉で、あなたの状況にあわせて、つぎのようなポイントについて子どもに説明してあげてください。
● 両親が別れたとしても、親子の縁が切れるわけではない。これからもずっと、わが子であることに変わりはない。家族のかたちが変わって、両親がいっしょには暮らすことはもうないけれど、これからも父親と母親であることに変わりはない。
● 子どもは親の離婚と無関係ではいられないけれど、親は子どもを傷

つけようと思って、あるいは子どもを罰しようと思って、離婚するのではない。
●子どもは親の離婚の原因ではない。子どもが悪い子だから離婚するのでもない。
●子どもがどんなに願っても、両親の関係をもとどおりにすることはできない。
●自分の気持ちを言葉で伝えて、問題を解決するために前向きに行動することは、子ども自身にとってもたいせつなことである。怒り、悲しみ、恐れ、恥ずかしさ、混乱といった感情は、だれもが抱くものである。
●親どうしが憎みあい、ケンカをし、不幸である家庭より、離婚した家庭でのほうが、子どもがしあわせになれることもある。親どうしがいっしょに暮らさないほうがいいことだってある。
●子どもの養育監護などの問題を解決するため、たとえば弁護士、裁判官、家族相談員、カウンセラーなど、両親以外の大人が関わってくれることもある。

———ぼくたちのママをとられちゃう？

第2話
ママのカレシに魔法をかけろ

その日、キャシーとアレックスは、〝ママのデート・妨害作戦〟を練るのに夢中でした。
　ママとパパが離婚してから、ずいぶん時間がたちましたが、ママがパパ以外の男の人とつきあうなんて、考えただけでいやでした。
「もし、ママが男の人とつきあいはじめたら、パパとはもう、もとどおりになれなくなっちゃうじゃない。ねえ、お兄ちゃん？」
　キャシーは、兄さんのアレックスに言いました。いつかパパとママがやりなおす日がくることを、キャシーはいまでも願っています。
「そうだよ。それに、ママがぼくたちといっしょにいる時間だってへっちゃうよ」
　アレックスも同じ意見です。自分がママの力になってあげられることを、ママにわかってほしいのです。
　ことは急がねばなりません。
　なぜって、今夜、ママは恋人のブレットとデートの約束をしているからです。あと少ししたら、ブレットはママをむかえにくるでしょう。
　キャシーとアレックスの作戦が成功すれば、ブレットは、玄関のベルを押すまえに、きっとにげだすはずです。二度ともどってこないように、ふたりはうまくやるつもりです。

　まず、キャシーのハムスターが入ったカゴと、アレックスのカエルが入った水そうを玄関先におきました。
　カゴには「ハムスターになった郵便屋のグリーンさん」と書いた紙をはり、水そうには「カエルになった牛乳屋のブラウンさん」と書いた紙をはりつけました。つぎに、もうひとつ、からのカゴをとなりに並べました。そして、それには、「ブレット用」と大きく書いた紙をはりました。
　ママは人間を動物に変えてしまう魔法使い——そうブレットに信じこませようという作戦です。そうすれば、ブレットはこわくなって、もううちにはやってこないでしょう。
　つぎに、古いバケツを持ってきて、それに水と土と、

こなごなにした枯葉をたんまり入れて、念入りにまぜました。ふたりとも、これまでに魔法の薬なんて見たことはありませんが、このバケツのなかのどろどろしたものに似ているにちがいありません。

　さらに、もっと魔法使いの家らしくするために、ガレージから古いほうきを持ってきて、それにこわれたおもちゃの飛行機のつばさをくっつけました。
「空とぶほうきに見えるよ！」
　アレックスは満足そうです。
「ほら、見て。去年のハロウィーンのときに買った、ゴムのクモとコウモリ。これもあったほうが、ブレットがこわがると思わない？」
　キャシーもうれしそうに言いました。
「これをひと目見たら、ママの魔法のつぎの犠牲者は自分だって、ブレットは思うはずだよ。それでもう、うちにはこない。そうすれば、ママはこれまでどおり、ぼくたちだけのママだ」
　アレックスはにっこりしました。
　そのあとアレックスは、からのカゴの上に乗って、クモとコウモリを玄関の上からぶらさげようとしました。ところが、なかなかうまくいきません。カゴはぐらつき、キーキーきしんで、グシャッとつぶれました。アレックスはドスン！　とひっくりかえってしまいま

した。
　あまりにいきおいよくひっくりかえったので、古いゆか板がぬけて、アレックスはゆか下におちてしまいました。おまけに、さっきつくったどろどろの魔法の薬を、バケツごと頭からかぶってしまったのです。
　一瞬、アレックスは、自分がどこにいるのかわかりませんでした。
「だいじょうぶ？」
　キャシーが穴の上から声をかけます。
　アレックスは目をぱちくりさせながら、ちょっと口ごもって言いました。

「なんだか、へんなんだ。ちっちゃな人間みたいなものがいる。まるで生きてるみたいだ」
　すると、そのうちのひとりが答えました。
「もちろん、ぼくたちは生きているさ。きみがあけたこの大きな穴がほんものだとしたら、ぼくたちもほんもののはずさ」
　続けて、もうひとりが言いました。
「あたしをふみつぶすところだったのよ」
　その小さな声を聞いて、キャシーもゆか下におりていきました。
　こんなことって、あるのでしょうか。

キャシーとアレックスの目のまえには、ちっちゃなふたりの人が立っています。ひとりは男の子、もうひとりは女の子のようです。ふたりとも、耳のうしろから、きらきらかがやく光をはなっています。
「あたしはミグシー、こっちは弟のマグル」
と、女の子のほうが言いました。
「どうして、そんなに小さいの？」
　キャシーがたずねました。
「小さいだって!?　ぼくたちふたりは、ステップキン族のなかでは大きいほうだよ。ステップキンはみんな、階段下に住んでいるんだ。いいかい。きみたちは、たったいま、ぼくんちの屋根をこわしたんだよ」
　マグルはプンプンしています。
「玄関のゆかに穴があいてるのを見たら、ママもきっとカンカンね。そろそろブレットがくる時間だし」
　キャシーがそう言うと、アレックスはだまって、ただ頭をかかえていました。
「ブレットって、だれ？」
　マグルがそう聞いたので、アレックスは答えました。
「ああ、ママがいまつきあっている人。でも、もう二度とうちにこないようにしたいって、ぼくたち思ってるんだ」
「なぜ？」と、こんどはミグシー姉さんがたずねます。

「あなたたちのママは、ブレットのことを好きじゃないの?」
「ううん、好きみたい。でも、ママがブレットと会うと、あたしたちといっしょにいてくれる時間がへっちゃうでしょ」
　キャシーが答えると、ミグシー姉さんが言いました。
「ブレットといるときのママ、楽しそう?」
「うん。〝ときにはおとなの人とすごす時間が必要なのよ〟って、ママは言ってる」
　すると、マグルがこんなことを聞きました。
「そっか。じゃあ、質問。もし選ぶとしたら、どっちにする?　ひとつは、つまらなそうなママといつもいっしょにいること。もうひとつは、楽しそうなママと、いまよりちょっぴりへった時間をいっしょにすごすこと。どっちがいい?」
　キャシーとアレックスは目を見あわせてから、声をそろえて言いました。
「楽しそうなママ」
「でも、ぼくたちは、ママとパパにもういちど、いっしょになってほしいんだ」
「あなたたちのママとパパも、そう言っているの?」
　アレックスのかみの毛についているゴミを取ってあげながら、ミグシー姉さんが言いました。

「ううん」
「だったら、ふたりはもとどおりにはならないわ。だって、べつべつにいたほうが、しあわせなんでしょ。ママとパパは、別れてよかったんだと思う」
「でもさ、ブレットがいなくたって、ぼくたちはママのめんどうをみてあげられるよ」
「子どもがおとなのめんどうをみるなんて、とてもむりだよ」

　マグルがそう言うと、「そうよ」と、ゆかのゴミを掃きながら、ミグシー姉さんも言いました。
「ママの恋人のことをいますぐ好きになれなくても、心配いらないわ。だれとだって、なかよくなるのには時間がかかるものだもの。ただ、ヘンテコな態度をとったりしないで、ふつうに礼儀正しくすればいいの。それがだいじなこと。そうすればママも、そんなあなたたちをうれしく思うはずよ」

　マグルも続けます。
「それから、いまぼくたちに話したみたいに、正直な気もちをママにちゃんと話せば？　そうすればママも、きみたちにわかるように話してくれると思うな」

　アレックスは、つきやぶったゆか板を見上げながら言いました。
「ああ、きょうは、とんだことをしちゃったな。きみ

たちの家をこわしてごめんね。こまったな」
　ミグシー姉さんとマグルは目を見あわせて、ちょっと笑っただけでした。
「心配いらないよ。階段をもとどおりにする方法は、ちゃんと知ってるから。見ていてごらん」
　ふたりは、修理道具を持ってきました。それは、外の世界で捨てられていたのを、ステップキンたちが集めたものでした。
　トントントン、ギーギーギー。板を切ったり、かなづちでたたいたり……。
　まもなく、こわれたゆかは直りました。それどころか、まえよりずっとすてきになりました。なぜなら、キャシーとアレックスのために、秘密のドアをつけてくれたからです。
「さあ、これで、好きなときに、あたしたちに会いにこれるわ」
「ありがとう。こんどはちゃんとノックしてからくるね。さてと、ブレットがくるまえに、ぐちゃぐちゃにしちゃった玄関をそうじしなくちゃ」
　ふたりはミグシーとマグルにさよならを言ってから、玄関にもどって、かたづけをはじめました。
　そのとき、車の音が聞こえました。ブレットが車からおりて、こちらにやってきます。

「やあ」
　ブレットはにこにこして、キャシーとアレックスに声をかけました。
「こ、こん……に……ち……は」
　玄関(げんかん)がぐちゃぐちゃになっている言いわけを考えながら、ふたりは言いました。
　ちらかっているのを見て、ブレットはこう言いました。
「ずいぶん楽しんでたみたいだね。楽しみのあとのかたづけはたいへんだよね。お母さんがこれを見るまえに、かたづけるのを手伝(てつだ)ってもいいかな。お母さんはきれい好(ず)きだものね」

「ブレット用」と書いてあるカゴに、ブレットが気づいたのかどうか、ふたりにはわかりません。なぜなら、ブレットはそのことについて、なにも言いませんでしたから。
「かわいいカエルとハムスターだね」
「カエルはぼくので、パパがくれたんだ」
　アレックスが言いました。
「お母さんがぼくに話してくれたよ。きみたちのお父さんは、動物のあつかいがとてもじょうずだって」
　アレックスとキャシーはちょっとおどろいて、顔を見あわせました。ママがブレットに、パパのことをほめて話していたのなら、自分たちもパパのことをじまんしていいにちがいないと思ったのです。
「パパはほんとに動物が好きなんだよ」
「そうみたいだね。ぼくもだよ。ブラディーという名の犬を飼っているんだ。もう年よりだけど、子どものことが大好きな犬だよ。こんど家にきて、遊んでやってくれるかな」
「もちろん」
　キャシーはそう答えながら、去年死んでしまった犬のラスカルと楽しく遊んだことを思い出しました。
「こんどの日曜日はどうか、お母さんに聞いてみようか」

ブレットは言いました。
　キャシーとアレックスの顔から笑いが消えました。
「その日はパパに会う日なんだ……」
　ブレットがいやな気分になるのではないかと心配しながら、アレックスは言いました。
「じゃあ、土曜日はどう？」
　ブレットの笑顔は消えませんでした。
「やったあ！」
　ふたりは家のなかにかけこみ、デートにでかけるしたくをしているママのところへ行きました。

ママとブレットがでかけたあと、キャシーはアレックスに言いました。
「ねえ、あたしたちがブレットとなかよくなったら、パパはさびしがるかな」
「ぼくたちが楽しくて元気なら、パパだってうれしいと思うよ。だって、離婚してぼくたちに悪いことをしたって、思わなくていいんだから。それに、ブレットとなかよくなっても、ぼくたちがパパのことをいままでどおり好きだって、ちゃんと話せば、パパも気にしないと思うよ」
「そうだね。正直な気もちを話したほうがいいって、ミグシーとマグルも言ってた。きっとパパだって、そう言ってくれるよね」
「うん。ねえ、キャシー。あの秘密のドアから、また遊びにいってみない？」
「さんせーい！」
　それからキャシーとアレックスは、新しい友だちに会うために、玄関のところへ走っていきました。
　ミグシー姉さんとマグルにありがとうと言いたかったのです。ふたりのおかげで、あやうく大失敗をしなくてすんだのですから。

第 2 話　ママのカレシに魔法をかけろ

guide
大人のためのガイド

この物語には、母親とその新しい交際相手に対して子どもがしめす、さまざまな言動が描かれています。いま、あなたのそばにいるお子さんも、アレックス、キャシー兄妹と同じ気持ちを抱き、似たような行動をとっているかもしれませんね。

嫉妬
子どもはときに親に対して、とくに異性の親に対して、特別な所有欲を抱くものです。そのため、親の新しい交際相手を、自分と親との関係をおびやかす存在と感じるのです。

見捨てられるのではないかという恐怖
両親の関係が崩壊するのを目の当たりにした子どもは、自分と親との関係も同様にくずれさるのではないかと不安になります。さらに、親に新しい交際相手が出現したことで、親の愛情をふたたび失うことになるのではないかと恐れることがあります。

仕返し
親が交際相手と親しくなるのを子どもが妨害しようとすることは、よくあります。具体的な行動を起こしたり、退行現象をしめしたり、こっそり策を練ったりして、その関係をだいなしにしようとします。このような行動をとおして、子どもは、親の離婚そのものに対する怒りをあらわしている場合が多いのです。

別れた親に対する忠誠心
親が新しい交際を始めることを、別れた親に対する裏切りだと、子どもは感じがちです。その結果、親の交際相手に好意をしめすことに罪

悪感を感じて、逆に、別れた親には強い忠誠心をしめそうとします。

なかなおり幻想
この時期、子どもは、家族がもとどおりになるのを空想して時間を過ごすことが多くなります。そればかりでなく、そう願っていれば、家族がもとのようにいっしょに暮らせるようになる、と思い込んでしまうことさえあります。

子どもといっしょにこの物語を読んでみてください。
離婚した親に交際相手ができたとき、こうした感情を抱くのは自分だけではないと、子どもは気づくことができるでしょう。
アレックスとキャシーが直面した問題や、かれらがどうやってそれを乗り越えたかを話しあうことによって、子ども自身のいまの気持ちや行動についても、話ができるきっかけになるといいですね。

あなた自身の言葉で、あなたの状況にあわせて、つぎのようなポイントについて子どもに説明してあげてください。
●親には子どもとの関係だけでなく、ほかの大人との関係も必要で、子どもは大人のかわりにはなれない。
●同じ人どうしが二度、結婚することはめったにない。でも、子どもの親どうしとして、いい関係をもちつづけることはできる。
●別れた両親を、子どもがなかなおりさせることはできない。
●親の新しい交際相手と親しくなることは、離れて暮らしている親への裏切りではない。
●家族のかたちは離婚とともに変化する。でも、親子の関係が切れることはないし、子どもにとって父親・母親であることに変わりはない。
●自分の気持ちを言葉で伝えて、ものごとがうまく進むように積極的に努力することは、子ども自身にとってもたいせつなことである。
●親の新しい交際相手を好きになる必要は、かならずしもないけれど、失礼な言動をとらない努力はたいせつである。

―――わたしはひとりぼっちなの？

第3話
ママは新婚旅行中

サディーはほんとにひとりぼっちの気分でした。
　自分の気もちをわかってくれるのは、いまや愛犬ムーチーだけです。
　サディーの家族は、最近すっかり変わってしまいました。そのことでサディーは、もうカンカンでした。
　まず、パパが家を出ていってしまいました。おまけに、パパが出ていくのを、ママはとめようとしなかったのです。サディーはそのことにも腹をたてています。
　サディーは「パパが帰ってきますように」と、心のなかでなんども、なんども、おいのりをしました。
　でも、どんなに願っても、その願いはかないませんでした。

しばらくすると、ママはルディーという男の人と出会って、ふたりは結婚することをきめました。それを聞いたとき、サディーはとてもいやな気もちになりました。それ以来、ムーチー以外のだれとも口をきく気になれません。
「あたしのことをほんとに好きでいてくれるのは、ムーチーだけ。ムーチーは、あたしだけが好きなの」
　サディーはいつも、ムーチーの首に手をまわして、そのふかふかの毛に顔をうずめてばかりいるようになりました。
　とくにこの数日というもの、サディーは一日じゅう、ふさぎこんでいます。
　なぜって、ママとルディーが新婚旅行にでかけたからです。いまは、おばさんがサディーのためにとまりにきてくれています。
「ママたちは、あたしを連れてってくれなかったの」
　サディーはムーチーに言いました。
「きっと、ふたりだけで楽しくやってる。だれもあたしのことなんか、かまってくれない」
　サディーの気分は最悪でした。じつは、よくないとわかっていることをしてしまったのです。
　ママの結婚式で、写真屋さんが新しい家族の写真をとろうとしたときのことです。

第3話　ママは新婚旅行中　　49

「さあ、みんな笑って」と写真屋さんが言うたびに、サディーは思いつくかぎりのひどい顔をしました。ある写真では、サディーは〝あっかんべえ〟をしています。べつのでは、花カゴのかげにかくれています。

こんなことをしたらママが悲しむのはわかっていたけれど、ママの結婚式でうれしそうな顔をするなんて、とてもできませんでした。だって、この結婚のせいで、ママとパパになかなおりをしてほしいというサディーの願いが、だめになってしまったんですから。

でも、記念写真をだいなしにしても、サディーの気もちは晴れませんでした。とくに、新しいお父さんになるルディーが、ムーチーのために犬小屋をつくってくれてからというもの、サディーの心は混乱するばかりです。

サディーはますますふさぎこんでしまいました。

——ママの新婚旅行のあいだじゅう、おばさんとおるすばんなんて、ほんとうにつまんないの。

不満ばかりがつのるのでした。

おばさんはサディーの顔を見ると、「一日じゅう、家のなかにばかりいないで、お外で遊びなさい」と言います。

「おいで、ムーチー」と、サディーは呼びました。

「おとなりのあき地に行ってみようよ」

サディーとムーチーは、雑草のはえたやぶのなかを、草をかきわけながら、ゆっくり歩いていきました。
　とつぜん、ムーチーがたちどまりました。そして、うなり声を出すと、やぶのなかへかけていってしまいました。
「ムーチー、もどっておいで。どこ行くの？」
　サディーは大声で呼びました。でも、ムーチーは知らん顔です。
　しばらくすると、雑草のあいだから、カサカサという音がしてきました。キーキーと、かすかなさけび声のようなものまで聞こえてくるではありませんか。
「助けて！　助けて！　助けて！　かいぶつだあ！」
　小さな声は、そうさけんでいるようです。
　とつぜん、ムーチーがとびだしてきました。その目はらんらんとかがやき、口になにか小さなものをくわえています。

第3話　ママは新婚旅行中

「はなしてえ！」と、小さな声がさけんでいます。
　ムーチーが、その小さなものをサディーのところへ運んできました。サディーは長いこと、そのちっちゃな、ちっちゃなものを見つめていました。
　最初、それは、だれかがなくしたお人形のように見えました。でもすぐに、小さな女の子だとわかりました。かみの毛のあいだから、美しくかがやく光をはなっています。でも、女の子はすっかりおびえていました。
「その子をおろしてあげなさい」
　サディーはムーチーをしかりつけました。

その女の子はどうにか地面に立つと、言いました。
「かいぶつから助けてくれて、ありがとう」
「かいぶつじゃないわ、うちのムーチーよ。あたしはサディー。安心して、ムーチーは人にかみついたりしないから。ただ、あなたみたいにふしぎな人を、これまで見たことがないだけ」
　すると、その女の子は笑って言いました。
「ふしぎなんかじゃないわ。あたしは、ほかのステップキンたちとおんなじよ。あたしの名前はピジェ」
　ステップキンは階段下に住んでいる一族だと、ピジェは説明してくれました。
「兄さんといっしょに夕食のブラックベリーをつみにきたんだけど、あたし、道に迷っちゃったの。そしたら急に、あなたの犬が出てきて、あたしのことをつかまえたの。兄さんはどこへ行っちゃったのかしら」
「ムーチーに探させるわ。ムーチー、さあ、行って」
　サディーがそう言うと、ムーチーははりきってとびだしていきました。
　やがてムーチーは、ピコピコはねながらさけんでいるステップキンをつかまえ、口にくわえてもどってきました。それは、ピジェの兄さんのオギーでした。
　ムーチーにくわえられて大あばれしながらも、オギーはだいじそうにふくろをかかえていました。そのな

かにはベリーがいっぱいです。
　オギー兄さんは地面におりると、サディーにたずねました。
「きみもブラックベリーをつみにきたの？」
「ううん。ムーチーとひまつぶしをしてただけ。だれも、あたしと遊んでくれないんだもの」
　そう言ったあとで、サディーは、自分がとてもかわいそうな子に思えてきました。
「じゃあ、夕食用のベリーつみを手伝ってくれない？母さんにたのまれたの」と、ピジェが言いました。
　オギー兄さんもこう言います。
「そうだな。ベリーつみをすれば、きっと元気がでるよ。お手伝いをしていると、いつだっていい気分になってくるもんだろ？」
　そこでサディーは、ステップキンたちとベリーつみをすることにしました。

「少しは元気がでた？」
　バスケットにベリーをほうりこみながら、ピジェが聞きました。
「元気になんかなれない。あたしのパパだって、いま、とってもさびしい気もちだと思うの。ママがべつの人と結婚したの」
　サディーが答えると、オギー兄さんはこんなことを言いました。
「教えてあげようか。どうしたら、きみのパパをうれしい気もちにさせられるか。それはね、まずきみが、ハッピーな気分になることだよ」
「そんな。ママがべつの人と結婚したっていうのに、ハッピーな気分になんてなれない！」
　サディーは強い口調で言いました。
　ピジェが背のびをしてベリーを取りながら、サディーに聞きました。
「ムーチーがあなたの家にきたときのこと、おぼえてる？　サディーはムーチーを大好きになったでしょ？　でも、それでパパやママのことを思う気もちがへった？」
「そんなこと、ぜったいない」
　まだあまり熟れていないベリーを口にほうりこみながら、サディーは答えました。

「それとおんなじよ。ママに好きな人ができたからって、あなたのぶんがへるわけじゃないの。あなたのママはいま、サディーが好きで、新しい結婚相手のルディーが好きで……そう、まえの二倍の〝好き〟をもってるってこと。好きになる気もちって、ふえることはあっても、へることはないの」

ピジェは言いました。

オギー兄さんは熟れたベリーをせっせと口に運んでいましたが、その手をとめて言いました。

「きみがいまハッピーじゃない理由は、たぶん、最近、お手伝いをしなくなったからだな。それと、新しい家族みんながなかよくできるように、きみは協力してないんじゃない？」

サディーはじっと地面を見つめていました。結婚式の記念写真をだいなしにしてしまったことを思い出していたのです。

オギー兄さんは、指のあいだからしたたってくるベリーの果汁をなめながら、続けました。

「きみのママに大好きって伝えるいちばんの方法は、いまのきみの気もちをありのままに話すことだよ。それと、新しいお父さんに、失礼な態度はだめ。自分が人からしてほしいように、人にもするんだよ。新しいお父さんと楽しくやるのだって、そのうちきっとでき

第3話　ママは新婚旅行中

るようになるさ」
「ほんとのことを言うと、新しいお父さんは親切なの。ムーチーのために犬小屋までつくってくれた。でも、やっぱり、ほんとのパパが家にいなくてさびしいの」
「じゃあ、パパといっしょのときには、いっしょにいられてすごくうれしいって、パパに伝えればいいのよ。そうすればパパは、はなれていても、あなたがいつも自分を好きでいてくれるってわかるわ。だってあなたは、これからもずっとパパの子どもなんだもん。
　電話をかけたり、手紙を書いたり、パパに絵をかいてあげたりしたら、さびしい気もちがへると思うの。どんなにはなれて住んでいたって、心はいつもいっしょにいられるでしょ？」
　ピジェの提案は、サディーを少し元気にしてくれました。それに、お手伝いをするって、オギー兄さんが言うように、いい気もちです。サディーはベリーをつむのにいそがしく動きまわっているうちに、くよくよするのをすっかり忘れていました。
「たくさんつんだね。もうこのくらいでいいんじゃない？　あたしも、おばさんに持って帰るね」
　オギーとピジェも、手に持てるだけのベリーをかかえて、サディーにさよならを言いました。
「また会える？」

サディーはたずねました。
「そんなのかんたん。階段下をのぞくだけでいいの。あたしたちはいつもそこにいるわ」

　サディーが家にもどると、おばさんはたくさんのベリーにびっくり。そして、とても喜んでくれました。
「このベリーでパイをつくりましょう。今夜の特別デザートね。ママとルディーが、夕ごはんまでに帰ってくるって」
「やっと！」
　サディーは思わずさけびました。
「そうだ！」
　いい考えがうかびました。サディーは自分の部屋にかけこみ、大きな紙と絵の具を持ってきました。
　そして、手づくりのポスターをつくりはじめました。〝お帰りなさい、ママ！〟と、大きく書きました。
　そこに絵もかきました。ルディーがつくってくれた新しい犬小屋のまえに、にっこり笑ったムーチーがすわっている絵です。これを見て、ママとルディーが喜ぶだろうなと思うだけで、サディーの心はわくわくしてきました。
　ポスターを玄関にかざっているとき、もっといい考えがうかんできました。

サディーはにっこり笑って、そこにひとこと書きたしました。
〝お帰りなさい、ママ！　ルディー！〟
　サディーはムーチーに、しあがったそのポスターを見せました。ムーチーはうれしそうに、サディーの顔をぺろぺろとなめました。
「ママとルディーが帰ってきたら、走っていってとびつこう」
　ふたりのびっくりした顔を想像しながら、サディーもにこにこしていました。

第3話　ママは新婚旅行中

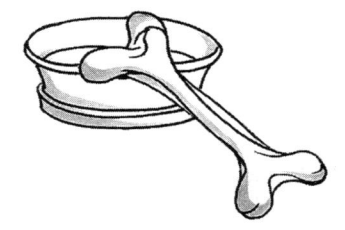

guide
大人のためのガイド

これは、母親の再婚に直面したサディーという女の子の物語です。ここにはサディーのさまざまな言動が描かれています。あなたの身近にいるお子さんも、こうした反応を（あるいはそのいくつかを）しめしているかもしれませんね。

引きこもり
新しい人間関係を避けたいという気持ちから、孤独を求めるようになることはよくあります。子どもの場合、それは、友だちを避ける、学校や保育園へ行きたがらない、というようなかたちであらわれます。

怒り
いつの日か両親が和解するだろうという子どもの幻想は、親の再婚によってうちくだかれます。それが新しい親への、あるいは再婚した自分の親への、怒りの感情につながるのです。

嫉妬
子どもはときに親に対して、とくに異性の親に対して、特別な所有欲を抱くものです。そのため、親の新しい配偶者を、自分と親との関係をおびやかす存在と感じることがよくあります。

仕返し
親の新しい人間関係を子どもが妨害しようとすることは、よくあります。具体的な行動を起こしたり、退行現象をしめしたり、こっそり策を練ったりして、その関係を傷つけようとします。そうやって、親の離婚に対する怒りをいまもぶつけているのかもしれません。

別れた親に対する忠誠心

子どもは親の再婚を、別れた親に対する裏切りだとうけとめることがあります。その結果、新しい親へ愛情をしめすことに罪悪感を感じて、逆に、別れた親には強い忠誠心をしめそうとします。

子どもといっしょにこの物語を読んでみてください。
「いま自分が感じていることは、へんでもなんでもなく、親の再婚に直面した子に共通した気持ちなんだ」と、子どもは思えるでしょう。
サディーが直面した問題や、サディーがどうやってその問題を解決したかを話しあうことで、子ども自身のいまの気持ちや行動についても、話ができるきっかけになるといいですね。

あなた自身の言葉で、あなたの状況にあわせて、つぎのようなポイントについて子どもに説明してあげてください。
●新しい親となかよくなっても、それは、いっしょに暮らしていない親への裏切りではない。
●新しい親をすぐには好きになれないかもしれない。でも、だからといって乱暴なふるまいはよくない。どんな大人に対しても、ていねいな態度で接するのはたいせつなことである。
●義理の父親とのつきあい方は、実の父親と同じにはならないかもしれない。でも、新しい父親との関係を築くために、実の父親との関係を犠牲にしなければならないことはない。
●子どもへの親の愛情は、再婚したからといって減るものではない。
●子どもにも、家族の一員としての責任がある。また、頼るばかりでなく自立心をもつこともたいせつである。
●自分の気持ちを言葉で親に伝えて、問題を解決するために前向きに行動することは、子ども自身にとってもたいせつなことである。
●親は、家族への愛情や心づかいを、その行動であらわすものである。

―――心配だらけのクリスマスをどうしよう？

第 4 話
新しいパパからのプレゼント

スペンサーは、ママからのクリスマス・プレゼントの本に、せいいっぱい喜んでいるふりをしました。ナンシーおばさんが送ってくれた、ちょっとカッコわるいくつしたにも、大喜びしてみせました。
　じつをいうと、プレゼントのなかでスペンサーがいちばん気に入ったのは、大きな虫メガネでした。それはどんなものでも、実物よりずっとりっぱに見せてくれるのです。
　問題は、このお気に入りのプレゼントが、かれのお気に入りの人物からもらったものではないことでした。それは、新しいお父さんのカイルからのプレゼントだったのです。スペンサーは、そのプレゼントがおおいに気に入ったことを、カイルに知られたくはありませんでした。

　きょうは、カイルといっしょにむかえる初めてのクリスマス。新しい家にひっこしてから、毎日がとまどうことばかりです。
　パパと暮らしていたころは、クリスマスの朝にプレゼントを配るのは、スペンサーの役でした。でも、けさは、カイルがクリスマス・プレゼントを家族に配りました。
　たくさんのことが以前とちがっています。そのこと

で、スペンサーの不安は大きくなるばかりでした。だって、つぎになにがおこるか、まったく予想がつかないからです。

心配をしすぎて、昨夜はねていてうなされたほどです。スペンサーは、こんな夢を見ました。

サンタクロースが、スペンサーがひっこしたことを知らずに、まえの家にプレゼントを届けに行ってしまうのです。そして、スペンサーへのプレゼントを、知らない女の子にあげてしまいました。そのうえ、クリ

スマスの朝早く、スペンサーがまだねているうちに、カイルはツリーをかたづけてしまったのです。
「たいへんだ！」
　スペンサーは目をさますと、おおあわてで一階へかけおりました。
　ツリーはちゃんとありました。さいわいなことに、サンタクロースは、スペンサーの新しい家を、なんとか見つけだしたようでした。
　プレゼントはもらえましたが、まだまだ、いろんなことが、願いどおりには進みませんでした。
　スペンサーは特別な電話を待ちつづけていたのです。そう、遠くへひっこしていったパパからの電話を。
　クリスマスまでにつくように、パパに、手づくりのカードと、最近の自分の写真を送っていました。それなのに、きのうのクリスマス・イブに、電話はかかってきませんでした。クリスマスの朝になってもかかっ

てこないのです。おこりたい気もちとさびしい気もちが、いっしょになっておしよせてきました。
　だんだんと、スペンサーにはこう思えてきました。
　——こんなことになったのは、みんなカイルのせいだ。
　カイルからのプレゼントの包みを開いたとき、スペンサーは、うれしそうな顔になるのをぐっとがまんして、「ありがと。外へ行ってくる」と、ぶっきらぼうに言っただけでした。
「そのまえに、包み紙とリボンをかたづけたら？」
と、カイルは言いました。
「しなきゃだめ？」
　スペンサーは聞きかえしました。すると、ママがこう言いました。
「さあ、さっさとしてしまいなさい。それからでも行けるでしょ」
　スペンサーはしぶしぶと、ひとつだけ包み紙を拾いあげて、ふきげんな顔をしていました。
　——なんで、電話が鳴らないんだよ。
　受話器をあげて、故障してないかどうか、たしかめました。だいじょうぶなのがわかると、受話器を乱暴にガチャンとおろしました。
　それから、ドタドタと足音をたてて、スペンサーは

第4話　新しいパパからのプレゼント

外に出ていきました。手にはしっかり新しい虫メガネを持って。

　そしていま、スペンサーは外にいます。外のひんやりした空気が、スペンサーのカッカした気もちを少し静めてくれています。
　スペンサーは立ちあがると、虫メガネを使って探検をはじめることにしました。
　小さな虫の観察からはじめようと、植木ばちのまわりをほりかえしてみました。でも、虫は、クモ一ぴき、ダンゴムシ一ぴき、見つかりません。
　スペンサーは、玄関の外の階段のまわりを調べることにしました。階段は木でできているので、板のすきまにシロアリが見つかるかもしれないと考えたのです。
　アリが一ぴきでも、二ひきでもいい、見つかりますように。そう願いながら、スペンサーは虫メガネを手に、階段にはいつくばりました。
　板の一枚に穴を見つけたとき、思わず「あれっ」と目をこすりました。穴のなかでなにかが光っているのです。
　──いったい、なんだろう。
　ぴったりと板に鼻をおしつけ、虫メガネで穴のなかをのぞきこみました。

——これって、けさの夢の続きかな。
　だって、階段の下にだれかいるのです、しかも四人も！　とても信じられません。ちょうど階段一段くらいの背の高さで、そして、みんなの耳のうしろからは、きらきらかがやく光が出ています。
　かれらは、階段下に住んでいるようでした。よく見ると、その家は、あちこちから拾ってきたらしい、こまごまとしたものでかざられていました。おどって歌って……、みんなとても楽しそうにしています。
　スペンサーは、このふしぎな人たちと友だちになり

たいと思いました。
「こんにちは」
　階段にひざをついて、声をかけてみました。虫メガネを片手に階段のふちにしがみつき、さかさになったままのかっこうで。
　さかさまになってのぞきこんでいるスペンサーのようすが、おかしかったにちがいありません。四人は歌とおどりをやめて、スペンサーをじろじろ見ています。
「いま、そっちにおりていくね」
　スペンサーは大急ぎで姿勢を直すと、階段下にもぐりこみました。虫探しよりずっと楽しそうです。
　スペンサーは、この人たちのことを知りたいと思いました。
「ぼく、スペンサー。この上にひっこしてきたんだ」
　四人のなかでいちばん小さな子が、いちばん勇気があるようです。すぐに答えてくれました。
「ぼくはトミー・ステップキン。こっちは姉さんのポジー。それから、父さんと母さん。きょうは祝日だから、歌ったりおどったりしてお祝いしてるんだ。きみも仲間に入らない？」
「ううん、いいよ。ぼく、見てる」
　トミーの母さんは、バンジョーをひきはじめました。そのバンジョーは、拾ってきた輪ゴムと、アイスクリ

ームの木のスプーンでできています。父さんは、ビンのふたでできた太鼓をたたきはじめました。トミーとポジーは歌いながら、輪をえがいておどりました。

　おどりおわると、ポジー姉さんは、特別な日にだけ飲む〝ナッツ・ナッグ〟という飲みものを、スペンサーにすすめてくれました。

「あなたが上にひっこしてきてうれしいわ。家族といっしょ？」

「そうならいいんだけど……。ママと、それから新しいお父さんと、ここに住むことになったんだ」

「それって、家族じゃないのかい？」

　トミーの父さんが言いました。

「ぼく、ほんとうのパパといっしょがいいんです。クリスマスなのにぼくがいなくて、パパはさびしがっていると思います。パパはぼくのことが大好きだから」

「あなたの新しいお父さんだって、あなたのことを好きでしょう？　スペンサー」

　ステップキン母さんがそう聞いたので、スペンサーは頭をかき、ちょっと考えてから言いました。

「よくわかりません」

「そうかしら」

　スペンサーのカップにおかわりを注ぎながら、ステップキン母さんは言いました。

第4話　新しいパパからのプレゼント

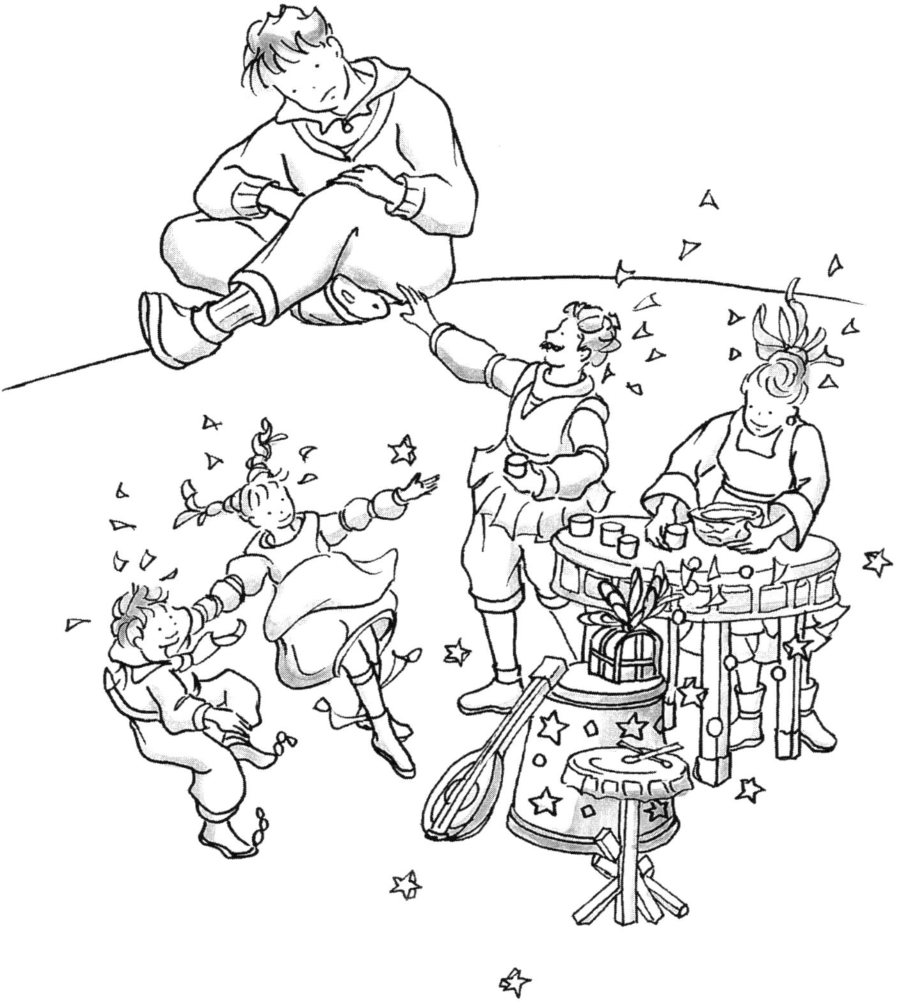

「親というのはね、子どもにいろんなことをしてあげることで、愛情をしめすものよ。新しいお父さんは、あなたがこまっているときに助けてくれたこと、ない？　病気になったり、ケガをしたりしたとき、手当てをしてくれるんじゃないかしら」

　スペンサーは、自転車でころんだときのことを思い出して、「はい」と答えました。カイルはスペンサーのひざに注意深くばんそうこうをはってくれて、こわれた自転車を直してくれたのです。

「きみと遊ぶ時間をつくってもくれるだろう？　きみがなにかいいことをしたとき、とってもうれしそうだろう？」

　ステップキン父さんも言いました。

　学校でつくったえんぴつ立てを見せたとき、カイルがとてもうれしそうだったのを思い出して、スペンサーはこっくりうなずきました。カイルはそのあとすぐに、それにえんぴつをいっぱい立てて、つくえの正面のめだつところにおいてくれたのです。

「それが親の愛情なのよ」

　トミーとポジーをだきよせながら、ステップキン母さんは言いました。

「カイルはときどき、ぼくをだきよせようとするんだけど、パパがそれを知ったら、いやな気がするだろう

なって思うんです」
　ステップキン父さんは、くるみのカラで小さなうつわをつくりはじめていましたが、スペンサーのことばを聞いて、顔をあげました。
「わかるかな、スペンサー。新しいお父さんは、もちろんほんとうのお父さんとはちがう。だから、きみへの愛情のしめしかたもちがうかもしれない。でもね、両方のお父さんを喜ばせるいちばんの方法は、きみがハッピーで、そして、新しい生活をうまくやってることを知ってもらうことだよ」
　ナッツ・ナッグ・ジュースのビンをかたづけながら、ステップキン母さんも言いました。
「みんなが楽しくなるような、ちょっといいことをしてごらんなさい。そうすれば、きっと気もちも変わるはずよ」
「たとえば、だきつくとか？」

スペンサーはたずねました。
「そうさ」と、ステップキン父さんは言いました。
「おぼえておくんだよ。行動で気もちをあらわすんだ」
　スペンサーは、クリスマス・プレゼントの包み紙をかたづけるように言われたときのことを思い出しました。ママとカイルに、ひどいことをしてしまいました。
「なんとかしなくちゃ」
　スペンサーは決心しました。
　そして、ステップキンたちにさよならを言うと、また会いにきてもいいかどうか、聞いてみました。
「もちろんよ」と、ステップキン母さんは言いました。
「会いたくなったら、いつでもいらっしゃい。しっかりね、スペンサー」

　スペンサーは家にもどりました。クリスマス・ツリーのまわりはちらかったままです。あのとき、ちゃんとかたづけなかったのです。
　包み紙の小さなくずやちぎれたリボンを拾いあつめました。それから、おくりものをぜんぶ、きれいにツリーのまわりに並べました。ママの新しいスカーフとスリッパ、カイルの新しいコロンとネクタイ、スペンサーの本と、ナンシーおばさんが送ってくれたちょっ

とカッコわるいくつしたも。
　カイルは、部屋がきちんとかたづいているのを見て、「すごいぞ、スペンサー」と言いました。
　ママの声がしました。
「夕ごはんまで、ちょっと遊んでいてね。七面鳥が焼きあがるのに、もう少しかかるの」
　スペンサーはステップキン父さんと母さんが言っていたことを思い出して、カイルをさそってみました。
「あの虫メガネで、虫を探さない？」
「いいね。虫探しなんて、もうずいぶん長いことしてないなあ」
　ふたりは並んで外に出ました。
　カイルは、虫を探すときのじょうずな石のどけかたを教えてくれました。
　やがて、かわいいテントウムシを見つけました。虫メガネで見ると、それはとてもりっぱに見えました。スペンサーはさっそく、スポッティーと名前をつけました。スポッティーを入れるビンのふたに空気穴をあけるのを、カイルは手伝ってくれました。
「スポッティーを学校に持っていって、友だちに虫メガネで見せてあげるといいよ。そのあとでまた、石のかげにもどしてあげよう」
「そうだね」

スペンサーはうなずき、さっきから言いたかったことを思いきって言う決心(けっしん)をしました。
「このプレゼント、ぼく、とっても気に入ったよ」
　そして、ありがとうと言うかわりに、カイルにだきつきました。
　カイルもスペンサーをだきしめて、そっとこう言いました。
「スペンサー、とってもすてきなおくりもの、ありがとう」

guide
大人のためのガイド

この物語には、母親の新しい配偶者に対して、息子スペンサーがとったさまざまな言動が描かれています。いま、あなたのそばにいるお子さんも、似たような反応をしめしているかもしれませんね。

仕返し

親の新しい人間関係を子どもが妨害しようとすることは、よくあります。具体的な行動を起こしたり、退行現象をしめしたり、こっそり策を練ったりして、その関係を傷つけようとします。そうやって、親の離婚に対する怒りをいまもぶつけているのかもしれません。

権威の葛藤

子どもは新しい親を、「親」としてなかなか認めたがりません。多くの場合、実の親よりも新しい親を低く見ようとしがちなものです。

嫉妬

子どもはときに親に対して、とくに異性の親に対して、特別な所有欲を抱くものです。そのため、親の新しい交際相手を、自分と親との関係をおびやかす存在と感じるのです。

生活習慣の変化に対する不安

家庭内のどんな小さな習慣も、子どもにとってはたいせつな「きまりごと」です。再婚によって新しい家族がつくられると、それまで当然だった「きまりごと」は多くの場合、変わってしまいます。その変化が子どもにとってのストレスとなります。なぜなら、つぎになにが起こるのか、子どもには予測がつけられなくなるからです。

別れた親に対する忠誠心

子どもは親の再婚を、別れた親に対する裏切りとうけとめることがあります。その結果、新しい親へ愛情をしめすことに罪悪感を感じて、逆に、別れた親には強い忠誠心をしめそうとします。

子どもといっしょにこの物語を読んでみてください。
このような感情は、新しい親に対してだれもが抱くものだと、子どもは思えるでしょう。
スペンサーが直面した問題や、彼がどうやってその問題を解決したかをいっしょに話しあうことによって、子ども自身のいまの気持ちや行動についても、徐々に話しあえるようになるといいですね。

あなた自身の言葉で、あなたの状況にあわせて、つぎのようなポイントについて子どもに説明してあげてください。
● 家族でなにかをしたり、なにかをきめたりするときには、子どももそれに加わる必要がある。
● 自分の気持ちを言葉で伝えて、家族の一員として前向きに努力することは、子ども自身にとってもたいせつなことである。
● 義理の親とのつきあい方は、実の親とは同じにはならないかもしれない。でも、一方の関係のために、もう一方の親子関係を犠牲にする必要はない。
● 子どもの将来や教育方針について責任をもっているのは、基本的には実の両親である。でも、義理の親に対してていねいな態度で接することは、たいせつなことである。
● 生活スタイルの変化にストレスを感じるかもしれない。でも、それは同時に、新しい経験に出会えるということでもある。
● 新しい親を好きになることは、いっしょに住んでいない親への裏切りではない。
● 離れて暮らす親がたとえ子どもに関心をしめさないとしても、それ

はその子が悪い子だからではない。
●いっしょに住んでいない親と会えないときは、電話をしたり手紙を書いたりするといい。
●新しい親をすぐに好きになれなくても、罪悪感をもつ必要はない。
●新しい親に対して、尊重する気持ちと礼儀正しさを保つように。そうすれば、同じ気持ちが、相手からもきっと返ってくる。

――ぼくがガマンしなきゃいけないの？

第5話
ある日、弟がやってきた

ジェイミーは、自分が世界でいちばん不幸な子どもだと信じています。
　でも、まえからこんなふうだったわけではありません。小さかったころは、いまよりずっとましでした。ママがいて、パパがいて、22番街の家に住んでいて。
　ふたりとも、ジェイミーのことをたいせつにしてくれました。裏庭の木の上には、パパがつくってくれたジェイミーだけの小屋だってありました。
　ところが、ある日、ものすごい言いあらそいがはじまり、パパはプンプンおこって家を出ていってしまいました。ママはうんと長い時間、泣いていました。やがてジェイミーは、離婚について知ることになったのです。
　それから長いこと、ジェイミーはママとふたりで暮らしていました。——そう、新しい父さんと息子のベンがやってくるまでは。

「ジェイミー、新しいお父さんができるの」
　ある日、ママが言いました。
「新しい弟もよ。ベンっていうの」
　そして、ママが結婚したのです。相手のレックスは、スクールバスの運転手をしています。
　ジェイミーは、ほんとうはさけびたかったのです。

「ぼくはパパにもどってきてほしいんだ！　それに、ママがレックスとベンを好きだっていうなら、ぼくはどうなっちゃうの？」と。
　でも、ジェイミーはだまっていました。なぜなら、ママをとても好きでしたし、ママにしあわせになってほしいと願っていましたから。
　「ママのためにがんばってみて」と言われて、ジェイミーは、新しい家族との生活が好きになるように、一生懸命、がんばりました。
　ところが、この週末、ジェイミーは、これまでにいちどもなかったほど、腹をたてることになってしまい

ました。ベンがとまりにきたのが原因です。ベンは、ふだんはお母さんの家で暮らしています。

　ジェイミーは、ベンと同じ部屋でねなければなりませんでした。そうしたら、ベンが、二段ベッドの上の段でねたいというのです。上の段はジェイミーのお気に入りの場所です。それなのにママは、「ベンにゆずってあげなさい」と言いました。

　おまけにベンは、ジェイミーの新しいたこを勝手に持ちだして遊んで、木の枝にひっかけてやぶってしまったのです。

　さらにきわめつけは、ママが「今夜はピザを注文しましょう」といったときです。ベンはまっさきに、「トッピングはマッシュルーム！」と言いました。

「やだ！　マッシュルームなんて、だいっきらい。ぼくは食べない！」
　とうとう、ジェイミーはどなってしまいました。
「そんなわがまま言わないで」とママ。
「本気だよ」とジェイミー。
　思いっきりバターンとドアを閉めて、ジェイミーは外にとびだしました。

　ジェイミーは木の上の小屋にかくれ、思いっきりムッとした顔をして、げんこつをにぎりしめていました。
「ぼくがいなくなったら、きっとみんな後悔するさ」
　ジェイミーは考えました。
「そうだ、玄関の階段の下にかくれて、暗くなるまで待つんだ。そしたらママだって、ぼくがいないとどんなにさびしいか、わかるはずだ。ぼくがいちばんたいせつだって、みんなに言うさ。それに、もしかしたら、ぼくを探すためにパパを呼ぶかもしれない」
　ジェイミーは玄関の階段をそろそろとおりて、そのかげにかくれました。
　階段の裏側はどうなっているんだろうと、いつもふしぎに思っていたので、裏側をのぞいてみようと思いつきました。そして、ゆか板を引っぱりあげようとして……、あわててその手をひっこめました。指の下で

第5話　ある日、弟がやってきた

なにかが動いたように感じたのです。
　いったいなんでしょう。へび？　虫？
　そのとき、「いたい！」と、だれかがさけびました。
「うわあっ！」と、ジェイミーも悲鳴をあげました。
「な、なんで虫がしゃべるんだ？」
「虫って、だれのこと？」
　小さな生きものが言いました。
「虫じゃないなら、きみはなに？」
　ジェイミーは小声でささやきました。
「とつぜん、おどろかすなよ。それに、ぼくのことを言ってるなら、〝なに？〟じゃなくて〝だれ？〟と言ってよ」
「きみだってぼくをおどろかせたんだから、おあいこだよ。ぼくの名前はジェイミー」
　ちっちゃな、ちっちゃな男の子が姿を見せました。ジェイミーと同じように顔にそばかすがあって、茶色の目をしています。背はちょうど、階段の一段ぶんほどでした。おどろいたことに、ちじれたかみの毛のあいだから、きらきらかがやく光を出しています。
「ぼくはジェフ・ステップキン」
「どこからきたの？」
「ここさ」と、ジェフは言いました。
「ぼくたちステップキンは、きみたちの玄関の階段下

に住んでいるんだ。階段がギーギーいわないように、毎日オイルをぬったりしているんだよ。おいでよ。ぼくの家族を紹介するよ」
　ジェイミーはからだをくねらせて、階段下に入っていきました。

　そこは、小さな小さな家でした。ステップキンたちが出すかがやく光で、暗がりは美しく照らされています。
　ビンやあき箱でできた家具をすてきに並べて、ステップキンたちは、とても住み心地のよさそうな家をつくっていました。あきかんのテーブル。シリアルのあき箱のベッド。台所のスポンジは、ふわふわのソファーになっていました。
「こんにちは」
　ステップキン母さんが言いました。
「よくきてくれたね」
　ステップキン父さんが言いました。
　ちっちゃなふたごの弟たちはクスッと笑って、でんぐりがえしをしてみせました。
　ステップキン一家はとても親しみやすい人たちでした。ジェイミーは、くるみのカップにクローバーのジュースをたっぷりついでもらいました。

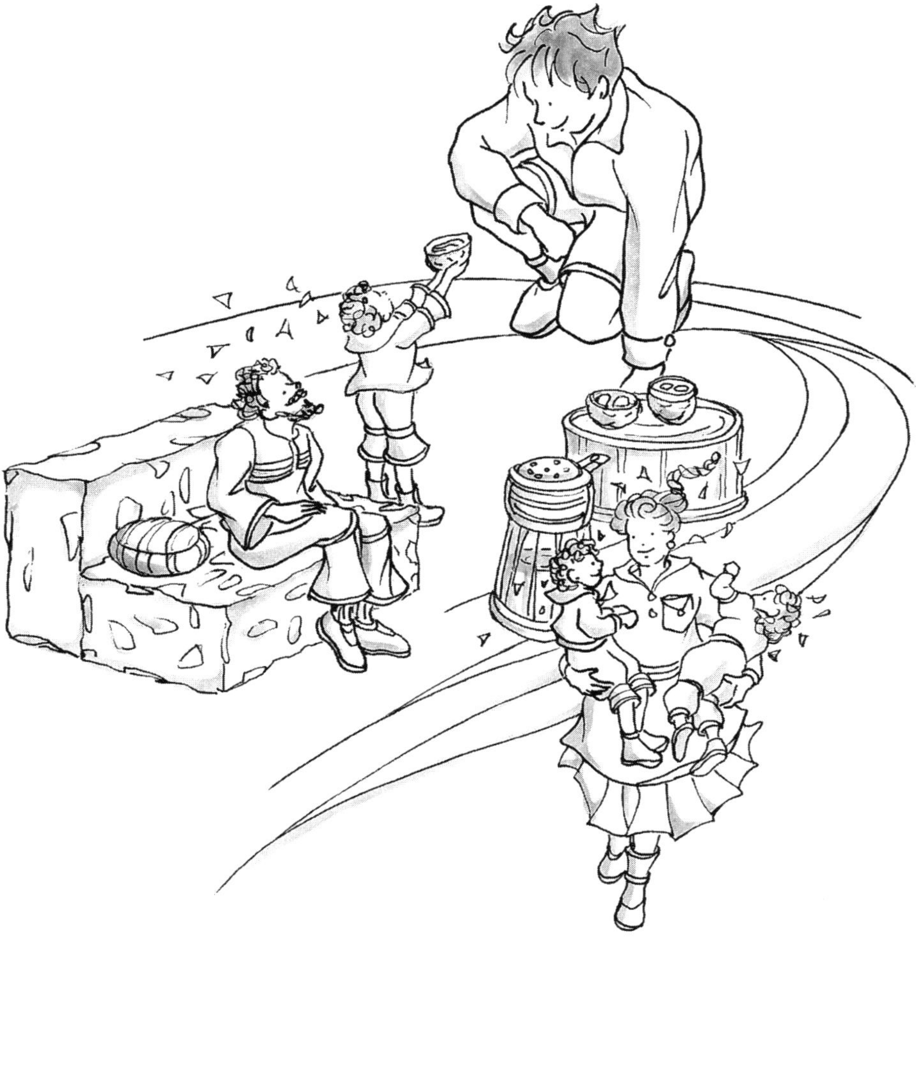

「しばらくのあいだ、ここにかくれていてもいいですか」
　ジェイミーはたずねました。
「かくれる？　どうして」
　ステップキン母さんがそう聞いたので、ジェイミーは、いま自分におこっている悲しい物語の一部始終を話しました。
「ベンがぼくの新しいたこをやぶったので、頭にきているんです。木にひっかけてしまったんです」
「わかったわ」と、ステップキン母さんは笑ってうなずくと、ジェイミーに言いました。
「あなたは、たこを木にひっかけたことがある？」
「はい」
「わざとひっかけたの？」
「いいえ」
　ステップキン母さんは、水さしからジュースのおかわりをジェイミーについでくれました。その水さしは、外の世界では塩入れに使われていたものでした。
「じゃあ、ベンがたこをやぶったのも、わざとではないかもしれないわね」
「でも、それだけじゃなくて、ベンはぼくの二段ベッドの上の段でねたがるんですよ。そこはぼくの場所なのに」

第5話　ある日、弟がやってきた

「おやまあ、わたしなら、上の段にねるのはおことわりだわ。おっこちるんじゃないかと心配で」
　ステップキン母さんは、ゆかの上でころげまわっているふたごをだきあげながら、言いました。
「ベンと交代で上の段にねるのは、どう？」
「ええ、まあ……。でも、どうして交代しなければいけないんですか」
「しなければならない、ってことではないわね。でもね、なにかすてきなことをベンにしてあげてごらんなさい。きっと、同じすてきなことが、あなたのところにもやってくるはずよ。魔法みたいにね。ベンはいま、あなたと兄弟になる方法を勉強中なの。あなたも勉強中よね」
「兄弟なんかいらないんです。それに、ママとパパがあんなふうにケンカして、パパが家を出なければ、こんなことにならなかったんです。こうなったのは、みんなぼくのせいだ」
「どんなことで、パパとママはケンカをしたのかな？」
　こんどは、ステップキン父さんがたずねました。
「パパはママが気に入らないことをするし、ママはパパをおこらせるようなことをしたんです」
「じゃあ、なぜ、ぼくのせいだって言うのかな？　子

どもが親をなかたがいさせるなんて、できないんだよ。それに、もし、ママとパパがいまもいっしょにいたら、どんなふうだろうね」

「どなり声と泣き声で、ぼくはつらいと思います。あんなこと、早くなくなってほしいと願っていたんです」

　ジェイミーはため息まじりに言いました。
「で、いまは、その願いどおりになったんだね」

　ステップキン母さんは、もともとは針さしとして使われていたクッションに、気もちよさそうにすわっています。

「はい。ママは、新しい父さんのレックスといっしょで、しあわせなんだと思います。でも、ぼくは、むかしみたいになってほしいんです。ママとパパがケンカするまえみたいに」

「わたしたちは、過去をとりもどすことはできないのよ」

　ステップキン母さんは言いました。
「でもね、楽しかったころの思い出を、心のなかにたいせつにしまっておくことはできるの。そして、こんどは新しい思い出づくりができるじゃない？　あなたの新しい家族といっしょに」

「いま、楽しいなんて思えません」

第5話　ある日、弟がやってきた

そう答えるとジェイミーは、しばらく考えてから、こうつけたしました。
「でも……。まえのぼくらしくすることはできると思います」
「そう。いまはそれでいいの。楽しくなるようにしていたら、さびしい気もちが入りこむすきはなくなるものよ」
「でも、ぼく、ママとパパのことを好きって思うみたいには、レックスとベンを好きになれません」
「いますぐ好きになる必要はないさ」
　ステップキン父さんは言いました。
「ただ、自分にしてほしいように、まわりの人にもしてあげることだね」
「でも、ママがレックスとベンのことを好きになったら、もうこれまでみたいには、ぼくのことを好きでいてくれないと思います」
　ジェイミーのそばかすだらけの鼻を、なみだがつたいはじめました。
　ステップキン母さんには、ジェイミーの心配がよくわかりました。
「好きって気もちのふしぎはね、使ってもなくならないってこと。ママがレックスとベンを好きになったからといって、あなたを愛するぶんがへるわけじゃない

の。いまのママは、レックスとベンとジェイミーの三人を好きで、まえの三倍の〝好き〟をもっているの。なんてしあわせなんでしょう！　そしてジェイミー、あなたもよ」

　ちょうどそのとき、ママが注文したピザのとてもいいにおいがただよってきました。ジェイミーは、もうずいぶん時間がたったことに気づきました。

　ジェイミーはステップキン一家にさよならを言って、またきっと会いにくることを約束しました。

「こんどくるときには、ベンを連れてきたら？」

と、ステップキン母さんが言いました。

　ジェイミーは「考えてみます」と答えると、階段下からはいでていきました。

ジェイミーが台所へ走りこんだとき、ママがふりかえって言いました。
「ああ、よかった、ジェイミー。ピザにまにあって」
　そして、ベンが言いました。
「見て。パパとぼくとでたこを直したよ。新品みたいになったよ。これからはもっと気をつけるね」
「ありがとう」
　少しうれしそうなふりをして、ジェイミーは言いました。ちょっとにっこりもしてみました。
　ジェイミーはピザを食べているあいだ、にこにこしていました。するとベンも、ママも、レックスも、にこにこしはじめました。
　そのうちジェイミーは、楽しいふりをする必要がなくなりました。ほんとうに楽しくなってきたのです。ステップキン母さんが言ったように。

　夕ごはんのあと、レックスは、子どもたちの工作を手伝ってくれました。ジェイミーが思いついた、とびっきりのアイデアです。
　庭からホースを持ってきて、両はしにじょうごをつけました。かたほうのはしっこを二段ベットの上の段にくくりつけ、もうかたほうを下の段にとりつけました。さあ、ナイショばなし専用電話のできあがりです！

ベットにもぐりこみ、ジェイミーとベンは、この秘密電話でひそひそ話をしました。
　くっつきそうになるまぶたを必死に開きながら、ジェイミーはそっと言いました。
「おやすみ、ベン。あしたを楽しみにしててよ。玄関の階段下で、きみに見せたいものがあるんだ」
　それからジェイミーは、深いねむりにおちていきました。きょうはなんてすてきな一日だったんだろう、と思いながら。

guide
大人のためのガイド

ここには、ジェイミーという男の子の母親が再婚し、ステップファミリーとなった兄弟とのあいだで起こった出来事が描かれています。いま、あなたのそばにいるお子さんも、ジェイミーと同じような反応をしめしているかもしれませんね。

怒り
いつの日か両親が和解するだろうという子どもの幻想は、親の再婚によってうちくだかれます。それが、再婚した実の親や、義理の親・きょうだいに対する怒りの感情につながるのです。

なわばり意識
子どもというのは、自分の持ちものや部屋に強い所有意識をもっています。新しい家族ができたことで、それを人と交換したり共有したりしなければならなくなると、そのことを大きな苦痛と感じて、とてもガンコにふるまったり、所有権の主張を丸出しにしたり、わがままとしか思えない態度をとったりすることがあります。

変化に対する抵抗
新しい家族ができると、それぞれが違った習慣、ルール、好みなどをもちよって、そこから新しいものをつくることになります。ところが、自分の家の「きまりごと」になじみ、それをたいせつに思う子どもにとっては、その変化がたとえごく小さなものであっても、そこに大きなストレスを感じます。

なかなおり幻想
この時期、子どもは、家族がもとどおりになるのを空想して時間を過

ごすことが多くなります。そればかりでなく、そう願っていれば、家族がもとのようにいっしょに暮らせるようになる、と思い込んでしまうことさえあります。

嫉妬

子どもはときに親に対して、とくに異性の親に対して、特別な所有欲を抱くものです。そのため、親の新しい交際相手を、自分と親との関係をおびやかす存在と感じるのです。

罪悪感

自分のせいで親が離婚したと、子どもが思い込むのはよくあることです。もっと「いい子」にしていたら、両親は離婚しなくてすんだのではないかと考えるのです。その結果、両親をなかなおりさせ、結婚生活をやりなおさせるのが自分の責任だと考えてしまいます。

子どもといっしょにこの物語を読んでみてください。
自分がいま抱いている感情は、親の離婚、そして再婚という経験をした多くの子どもが同じようにもつものだと、子どもは思えるでしょう。ジェイミーが直面した問題や、それを彼が乗り越えた方法などについて話しあうことで、ステップファミリーについて抱いている気持ちを話せるきっかけになるといいですね。

あなた自身の言葉で、あなたの状況にあわせて、つぎのようなポイントについて子どもに説明してあげてください。
●再婚したからといって、子どもに対する親の愛情が減るわけではない。
●生活スタイルの変化にストレスを感じるかもしれない。でも、それは同時に、新しい経験に出会えるということでもある。
●自分の気持ちを言葉で伝えて、問題を解決するために前向きに行動することは、子ども自身にとってもたいせつなことである。

- どんな人も長所と短所の両方をもっている。だから、人とのつきあいは忍耐づよくするものである。
- 楽しく過ごそうとこころがけていると、はじめはそんな気分でなくても、徐々に気持ちが好転してくるものである。
- 親の新しい配偶者とよい関係を築くことは、いっしょに住んでいない実の親への裏切りではない。
- 新しい家族構成になるときには、家族一人ひとりの生活が変化せざるをえない。だから、それぞれが譲歩しあうことが必要になる。
- 逃避したり、ほかの人を傷つけるようなことをするかわりに、自分の怒りについて、きちんと言葉にすることがたいせつである。怒りというのは不安から生じることもあって、それは話しあったり、抱きあったりすることで解消できることがある。
- ステップファミリーとなったきょうだいと、親の離婚について話しあうといい。おたがい同じ経験をしているのだから。

────どうしていつも、わたしに聞くの？

第6話
わたしをスパイにしないで

楽しみにしていた土曜日の朝です。それなのにエマは、とてもみじめな気もちでこの日の朝をすごしました。
　パパの新しいアパートへの訪問が、こんなふうになるとは、思ってもいませんでした。
　すべては、パパのために朝ごはんをつくってあげようときめたときに、はじまりました。
　以前は、ママがパパの朝食をつくっていました。ふたりが離婚してからは、パパがどんな食事をしているのか、エマはいつも心配していました。パパはけっして一流のコックさんというわけではありませんから。
　そこで、きょうはパパのために、とびきりの朝ごはんをつくってあげようと、エマは計画していたのです。ママがごはんのしたくをしているのをなんども見ているので、朝ごはんづくりなんて、それこそ朝飯まえだ

と思っていました。

　ところが、パパの台所では、おなべやフライパンを見つけるのさえたいへんでした。そのうえ、料理もうまくはかどりません。

　たまごをわると、カラのかけらがフライパンに入ってしまうし、それを拾いあげようとしても、カラはつるつるにげて、なかなかつかめません。

　たまごをかきまぜようとすると、たまごがフライパンからとびだして、ガスの火の上におちる始末です。いやなにおいをさせながら、けむりまで出てきました。

　トーストにもてこずりました。パンがトースターからはみだしていたので、エマは力いっぱいパンをつっこみました。すると、パンが引っかかってしまい、出てこなくなりました。トースターのなかでまっ黒こげです。ママはトーストをこがしたことなんて、いちどもないのに。

　ココアもエマをこまらせました。おなべからふきこぼれたココアは、ガス台から流しまでポタポタとたれ、見るもむざんです。

　でも――。

　おきてきたパパは、バリバリになってしまったたまごさえ、とってもおいしそうに食べてくれました。

朝ごはんのあと、エマは、パパのために洗たくをしてあげることにしました。新品の赤いバスローブ、白いくつした、おふろ場にあったたくさんの白いタオル……。気がついたものはぜんぶ集めて、洗たく機のなかにおしこみました。お湯を使って洗ざいをちょっとよぶんに入れれば、よごれたくつしただって、きっとまっ白になるはずです。

　パッシャ、パッシャ、パッシャ、パッシャ……。
　洗たく機が動きはじめたので、エマはきがえをするためにべつの部屋に行きました。

　ママの家とパパの家。二つも家があると、どこになにをしまったか、おぼえるのもたいへんです。やっときがえおわったとき、「わあ、たいへんだ」というパパの声が、洗面所から聞こえてきました。

　エマがかけつけると、そこには、洗たく機からあふ

れたあわで、ひざまでピンク色になったパパが立っていました。
「どうしよう、大失敗」
　エマは途方にくれてしまいました。
「パパのために洗たくしてくれたんだね。でも、まずはここをかたづけよう。そのあと、公園にいくのはどうかな？」
　パパは言いました。
「うん」
　エマはそう言って、モップとバケツを取りにいきました。

　ようやくかたづけがおわって、パパとエマは公園へでかけました。パパは木かげに居心地のよさそうな場所を見つけ、まもなく、こっくりこっくり、いねむり

をはじめました。

　エマは、すぐそこの、アヒルがいる小さな池まで行ってみることにしました。

　池のそばまできたとき、エマは、きみょうな鳥の鳴き声を聞いたように思いました。それは、助けを求める小さな声のようでもありました。

　いったい、なんでしょう。

　水ぎわにはえている背の高い草をかきわけてみると、目のまえに思いがけない光景がありました。

　小枝でできた、ほんものそっくりの小さなイカダが、

池にうかんでいました。その上にはふたりの小さな生きものが乗っています。ひとりは男の子、もうひとりは女の子のようです。そして、ふたりの耳のうしろからは、美しくかがやく光が出ています。

イカダには、大きなかえでの葉でできた、かっこいい帆がついています。どうやら、それが岩にひっかかって、池のなかで立ち往生しているようです。ふたりはあれこれやっているようですが、イカダはがんとして動きません。

小さなふたりは、エマに気づくとさけぶのをやめ、そして、男の子のほうが言いました。
「なんてきみは大きいんだ。ぼくたちを助けてよ。もうずいぶん長いあいだ、ここで動けずにいるんだ」

エマはにっこりして言いました。
「もちろん、助けてあげる」

エマはくつとくつしたをぬぎ、ズボンをまくりあげると、イカダのところまでジャボジャボと水のなかを進みました。用心しながらイカダを岩からはなし、岸へむかっておしてあげました。

岸へたどりついて大喜びのふたりは、とびはね、だきあい、「ありがとう、ほんとにありがとう」と、くりかえし言うのでした。

それからエマとふたりは、自己紹介をしあいました。

男の子はナビン・ステップキン、女の子はドット・ステップキンという名前です。
「ぼくたちは、この公園にある図書館の階段下に住んでいるんだ」
　ナビンが言いました。
「ぼくたち、航海は得意なんだよ。でもなあ、きょうはしくじっちゃったよ」
「その気もち、よくわかる。わたしもきょうは、朝から失敗ばっかりしているの」
「なにをやっちゃったの？」
　大きながまの茎にイカダをつなぎながら、ナビンが聞きました。
「ママがいつもパパにしてたことを、してあげたかったの。パパとママは離婚して、パパはいま、ひとりぼっちだから」
　すると、こんどは女の子のドットがこう言いました。
「でも、エマ。子どもが親の世話をするなんてむりよ。大仕事だもの」
「でも、パパにはわたしが必要なの」
　池のふちにこしかけて、エマは話しました。
「パパんちにいく予定の日をママが変えると、いつだってパパは、とってもさびしそうなの。わたしと会えなくなるから」

第6話 わたしをスパイにしないで

「それはそうだよ。計画どおりにことが進まないと、ぼくたちだって、いつもがっかりするもん」
　ナビンがそう言うと、エマは言いました。
「ママもそう……。あ、そうか。だから、パパのところから帰る時間がおくれると、ママはあんなに心配しておこるのね」
「そりゃあ、そうさ」
　鼻の先をとんでいったアメンボをつかまえようとしながら、ナビンは言いました。
「離婚して、きみの家族はまえとは変わってしまったかもしれないけれど、おたがいに約束を守らなければならないのは、まえと同じだろ」
　ドットも続けて言います。
「それに、あなただって、予定はちゃんと知っときたいでしょ。パパとママにそう言ったほうがいいわよ。なにかこまったことがあるときは、とくに、自分の思っていることをちゃんと話さなくちゃ」
　エマは池の水に足をピチャピチャさせながら聞いていましたが、ふたりにある相談をしてみることにしました。
「こまっていることがあるの」
「なあに？」
「あのね、ときどき、パパもママも、わたしにこんな

ふうに言うの。〝ママはどうしてる？〟〝パパはどうしてる？〟って。わたしを質問ぜめにするの。わたし、なんだかスパイになったみたいでいやなの」
　すると、ナビンはこう言いました。
「そんなときは、パパやママに、〝わたしに言わないで、直接聞いてよ〟って言うのがベストだよ」
　ドットはこうつけくわえました。
「そうすれば、伝言をまちがって伝えちゃうかもとか、これを聞いたらママがいやな気分になるかもとか、よけいな心配しなくてよくなるわ」
　エマは、池につけた足を見つめてしばらく考えていましたが、やがてにっこりすると、言いました。
「そうね。きょう、やってみる」
　そうきめてしまうと、気もちが晴れてきました。エマは、ナビンとドットがイカダに乗りこむのを手伝い、ちょっとふざけて、イカダを水の上でぐるっと回してあげました。
「ひゃあ、最高！」
　ふたりは大喜びではしゃいでいました。

　まもなく、パパがエマを呼ぶ声が聞こえ、ステップキンたちにさよならを言うときがきました。
「また遊べる？」

第6話　わたしをスパイにしないで　111

「もちろん。お日さまが照っている日には、いつでもここにいるわ」
　ドットが答えました。
「こんどの土曜日にまたくるね」
　エマはそう言って、パパのところへ走っていきました。
　エマを見てパパは、「昼ごはんにしようか」と言いました。
　エマはとてもおなかがすいていましたが、あの台所でもういちど料理をする気分にはなれませんでした。エマはいいことを思いつきました。
「公園のなかのホットドッグ屋さんにしない？」
「いいね」と、パパは賛成しました。「じゃ、行こう」。
　ホットドッグとレモネードの昼食のあと、エマとパパは、パパのアパートにもどりました。

「午後は映画に行こうか」
　パパが聞きました。でも、エマは、パパとふたりで静かにすごしたかったので、思いきって自分の考えを言いました。
「パパ。わたしのために一日じゅうなにかしなきゃ、って思わないで。ここにいるだけで楽しいの」
「このせまいアパートで、エマはたいくつじゃない？」
「ううん。パパといっしょで楽しいもん」
　この日の午後、ふたりは本を読んですごしました。
　エマは、長いソファーのかたほうのはしに座って、かいじゅうの本を読みました。パパは、もういっぽうのはしにゆったりと座って、仕事の本を読みました。パパがつくってくれたポップコーンを、ふたりしてほおばりながら。
　そのあとでエマは、パパが洗たくものをたたむのを手伝いました。赤いバスローブの色がおちて、白かったものがぜんぶピンクにそまっています。でも、パパはなにも言いませんでした。
　夕食のとき、エマは、お皿を並べるお手伝いはしましたが、料理はパパにまかせました。パパのうでまえは、なかなかのものでした。
「パパがスパゲッティをつくれるなんて、知らなかった」

夕ごはんを食べながら、パパが、ママの最近のようすをたずねようとしたので、エマはこう答えました。
「わたしを送ってくれたとき、ママに聞いて。そうすれば、わたしがまちがったことを伝えずにすむし」
　エマはにっこりして、パパにウィンクして見せました。
　帰る時間が近づいたとき、エマは先週のことを思い出して、パパに言いました。
「おくれないように、そろそろしたくしなくちゃ」
　先週、帰るのが予定の時間よりおそくなったことで、ママはカンカンでした。そして「パパがわざとおくれた」と言ったのです。
　エマはパパに、「時間を守ることは、約束を守ること。だよね？」とつけくわえました。
　パパはにっこりして、言いました。
「じゃあ、いこうか。エマちゃん」
　パパの車のなかで、カーラジオから流れてくる曲にあわせて、ふたりで歌いながら帰りました。
　エマはある決心をしていました
　――家についたらすぐ、ママの目のまえでパパにだきついて、さよならのキスをしよう。それから、パパの目のまえでママにだきついて、ただいまのキスをしよう。

その日がおわってみると、そんなにひどい一日ではありませんでした。でも、ほんとうにいろんなことがありました。
　エマはちょっぴりつかれてもいました。エマの心はもうベッドにむかってかけだしていました。いつものように、ママがおやすみのキスをしてくれるはずです。

guide
大人のためのガイド

この物語に登場するエマという女の子は、両親の離婚後、パパの家とママの家を行ったり来たりして過ごしています。ここには、エマがぶつかったいろいろな問題や悩みが描かれています。あなたの身近にいるお子さんも、同じようなことを感じているかもしれませんね。

欲求不満
子どもというのは、家族がどうあるべきかについて、自分なりのイメージをもっているものです。多くの場合、それは、その子自身の経験にもとづいています。イメージどおりに事が運ばないとき、子どもは欲求不満を感じるのです。

いっしょに住んでいない親の役に立とうとする
女の子は母親のかわりを務めようとし、男の子は父親のかわりをしようとするものです。しかし、きちんとやろうとしても、それは子どもの手には余ることです。しかも、親の役に立とうとがんばるあまり、同年代の友だちとの時間を犠牲にしてしまうことがあります。

親との関係が浅くなることへの失望
離婚した両親のあいだを子どもが行き来するなかで、そのスケジュールが複雑になると、どちらの親とも意思の疎通がスムーズにいかなくなることがあります。また、双方の親ともに、以前のようには子どもと深く関われなくなることもあります。状況によっては避けられないことですが、子どもはそれを自分のせいだと思うことがあります。

ストレス
子どもにとって離婚はストレスですが、両親のあいだを行き来するこ

とがストレスになることもあります。とくに、親が前配偶者と直接に話すかわりに、子どもをメッセンジャーにしようとするとき、子どもに大きなストレスを与えます。

生活習慣の変化に対する不安

家族のどんな小さな習慣も、子どもにとってはたいせつな「きまりごと」です。離婚によって、それまで当然だった「きまりごと」は多くの場合、変わってしまいます。その変化が子どもにとって、不安の種となります。なぜなら、つぎになにが起こるのか、子どもには予測がつけられなくなるからです。

子どもといっしょにこの物語を読んでみてください。
離婚した親のあいだを行き来している多くの子どもたちが、共通した思いを抱くものだと、子どもは思えるでしょう。
エマが直面した問題や、それを彼女が乗り越えた方法などについて話しあうことで、子どものいまの気持ちや行動について話しあうきっかけになるといいですね。

あなた自身の言葉で、あなたの状況にあわせて、つぎのようなポイントについて子どもに説明してあげてください。
●子どもは親の配偶者のかわりにはなれない。
●新しい家族構成になっても、いい関係を保つために、それぞれが最善をつくしつづけることが必要である。
●一方の親への愛情は、もう一方の親への裏切りではない。子どもはどちらか一方の親を選ぶ必要はない。
●離婚した親どうしの関係がうまくいくように、子どもが重荷を背負う必要はない。
●自分の気持ちを言葉で伝えて、問題を解決するために前向きに行動することは、子ども自身にとってもたいせつなことである。
●一方の親がいるところで、もうひとりの親に甘えたりしてもかまわ

ない。たとえ、親どうしはキスしたり抱きあったりする仲ではなくなっていても。
●離婚後、家庭の経済状態が悪くなって、子どももそのきびしい状況に慣れなければならないこともある。
●複雑になった生活スケジュールをこなすことについて、子どもは親の手助けを求めたほうがよい。

加えて、親にとっても、つぎのようなことがたいせつです。
●ふだん別べつに暮らすわが子が訪ねてきたからといって、いつもいつも、特別にもてなしてばかりではよくない。子どもにとっては、家族として「平常の」時間を過ごすこともたいせつである。
●子どもを親のメッセンジャーにしてはいけない。必要なことがあれば、親どうし、直接話すべきである。
●親も間違うことがあり、それをつぐなわなければならないこともある。それは親自身がするべきことで、子どもが手助けできることではない。

──パパとふたりだけでいられないの？

第7話
パパの家族とすごす夏

「ことしの夏休みは、月旅行をしよう」と言われたとしても、ラッドリーはもっとおちついていたでしょう。

　たしかに、夏休みのあいだ、パパといっしょにいられるのは楽しみです。ただし、そのために、愛犬ロビンと離ればなれにならずにすんで、パパの新しい家族といっしょでなくていいのだったら。

　ラッドリーはふだん、パパとはべつべつに暮らしています。そして、パパにはいま、ブリジットという新しい奥さんがいます。けっして悪い人ではありません。でも、ブリジットにはシャーマンという息子がいて、それがラッドリーにはなやみの種でした。

　パパの家に行くと、ラッドリーは、シャーマンと同じ部屋でねなければなりません。そこはいつも、おそろしいくらい、ごちゃごちゃなのです。おまけにシャーマンはすぐにいばって、ラッドリーが自分の家にくるのを、とてもいやそうにするのでした。

　ラッドリーは、パパの家で夏休みいっぱいをすごせるかどうか、自信がありません。ここではすべてがふだんとちがいます。

　たとえば、この家ではみんな、パジャマのままで朝ごはんを食べるのです。ラッドリーとママは、いつも、朝食のまえにちゃんときがえをするのに。

それに、ここでは、ねこのジローがソファーにあがりこんでも、だれもなんとも言いません。ラッドリーの家の犬のロビンは、けっしてソファーの上にあがったりしないのに。
　食べるものだって、ちがいます。
　この日の夕食のこと。
　お皿(さら)には、ラッドリーが見たこともないものがのっていました。ナイフで切ろうとしましたが、かたすぎました。それで、フォークでつきさして、かみきることにしました。
「いたい！」

なにかとがったものが舌にささって、ラッドリーは声をあげました。
　みんなは食べるのをやめて、ラッドリーのほうを見ました。それから、なんと、笑いはじめたのです。
　シャーマンが、いたずらっぽく言いました。
「いったい、なにを食べてるつもり？」
　そして、お皿の上にのった緑色のきみょうなものにかみつくまねをすると、「ああ、いたたたた」と、ラッドリーをからかう始末です。
「ぼくのせいじゃないよ」
　ラッドリーはおこって言いました。
「だって、ぼくのママは、こんな緑の花をごはんに出したりしないもん」
「さあさあ」と、ブリジットが言いました。
「これは花じゃないの。アーティチョークという野菜

よ。こうやって食べるの」
　でも、ラッドリーは、もう食事を続ける気分ではありません。
「ぼく、おなかがいたい。夕ごはんを食べなくてもいい？」と、パパに聞きました。
「じゃあ、お薬をあげましょう」
　ブリジットはそう言うと、まあまあの味のピンクの水薬をくれました。そして、「早くよくなるといいわね」と言って、ラッドリーをだきよせようとしました。
　ラッドリーはさっと身を引くと、「もう、ねてもいい？」と聞きました。
「もちろんよ」と、ブリジットは言いました。
　ラッドリーは、みんなが食事をしているところをはなれて、ひとりで子ども部屋へ行きました。

　部屋に入ると、ラッドリーは、自分のスーツケースから箱を取りだしました。それはただのボール紙の箱でしたが、なかにはたいせつなものがしまってありました。
　パパとママと犬のロビンの写真、スイミング・スクールでごほうびにもらったワッペン、持っているビー玉のなかでも特別にすきとおったやつ、軍隊の笛、おこづかいの残りの25セント硬貨二枚……などなどです。

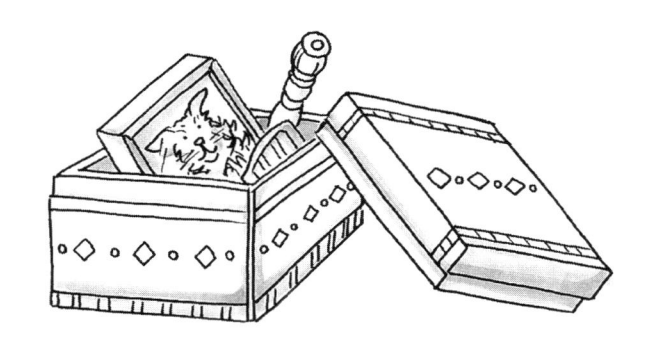

あのシャーマンにこの宝物を見られるのは、考えただけでもいやでした。でも、このごちゃごちゃの部屋には、いいかくし場所なんて見つかりません。そこで、安全なかくし場所を探しにいくことにしました。
　箱をかくすのにいちばんの場所は、なんといっても地下室です。なぜって、みんなたまにしか、そこには行かないのですから。
　ラッドリーは、地下室に通じるドアをあけ、電気をつけると、階段をそっとおりていきました。
　地下室には、パパの大工道具や古い家具、ほこりをかぶったスポーツ用具などが、ごたごたとおいてありました。
　見まわしてみたところ、階段の真下のところが、箱をかくすのにちょうどいい場所のようでした。ラッドリーは、そのあたりにあるじゃまな段ボール箱を一個

ずつかたづけはじめました。

やっと最後の一個になったとき、ラッドリーはかすかな声を聞いたような気がしました。

地下室にいるのは、ラッドリーただひとりのはずなのに、へんです。大きな箱のむこうをのぞきこんで、その声の出どころがわかったとき、ラッドリーの目はかがやきました。

そこには、ちっちゃな、ちっちゃな人がふたりいました。階段一段ぶんほどの背の高さで、ふたりの耳の

うしろからは、きらきらかがやく美しい光が出ています。よく見ると、ふたりはなにかゲームをしているようでした。
　ひとりが目かくしをして、ぐるぐる回りながら、こんな歌を歌っています。

　　　　ステップ　タッグ、ステップ　タッグ
　　　　一歩だけ　にげろ
　　　　ステップ　タッグ、ステップ　タッグ
　　　　つかまえるぞう

すると、こんどはもうひとりが歌います。

　　　　ステップ　タッグ、ステップ　タッグ
　　　　見つけてごらん
　　　　ステップ　タッグ、ステップ　タッグ
　　　　つかまりっこないよ

　それからひとりが大またで一歩だけ、目かくししている子から遠ざかって、そこでじっとしています。
　すると、目かくしをした子が、かたほうの足だけは地面からはなさずに、もうひとりをつかまえようと、あちこち手をのばします。

第7話 パパの家族とすごす夏

ラッドリーは、おもしろそうな遊びだなと思いました。そして、この子たちはなにものなのかを知りたくなりました。
　そこで、ふたりをおどろかさないように、小さな声で話しかけてみることにしました。
「やあ。ぼくも仲間に入っていい？」
「だあれ？」
　目かくしをはずしながら、ひとりがたずねました。
「ぼく、ラッドリー」
「わたしはキャプリス・ステップキン。こっちは弟のドーニー」
「ここに住んでるの？」
「もちろん、そうよ。階段がギーギーいわないのは、だれのおかげか、考えたことある？　ところで、あなたもここに住んでるの？」
「ちょっとちがうな」
　ラッドリーは、大きな段ボール箱にこしかけながら、言いました。
「ふだんはママといっしょに住んでる。でも、ことしの夏は、パパとパパの新しい家族とすごすために、ここにきたんだ」
「それって、あなたの新しい家族でしょ？」
「よくわからないんだ。ただ、ここではなんだかおち

つかないんだよ。みんな、ぼくのことをからかって笑うし、ぼくがふだんしないようなことを、みんながするんだ。ここにいると、おなかがいたくなるよ」
　すると、弟ステップキンのドーニーが、ラッドリーに話しかけました。
「ステップキン炭酸シロップをあげるよ。おなかの調子があっというまによくなるよ」
「ううん、いいよ。おなかはもういたくないみたい」
　キャプリス姉さんは、ラッドリーに話しはじめました。
「自分の気もちを、ちょっと話したからじゃない？こんなふうに家族にいろんなことがおこっているときって、自分がどう感じているかを人に聞いてもらうのが、とってもたいせつだもの」
　そう言うと、キャプリス姉さんはこうつけくわえました。
「こんなときにうまくやるひけつを教えてあげる。それはね、ちょっぴり勇気をだして新しいことにむかうこと。それがいちばんなの」
「でも、シャーマンは、ぼくがなにかすると笑うし、いつだってからかうんだよ。ほんとに頭にくるよ」
　ラッドリーは、まだむくれていました。するとこんどは、ドーニーが言いました。

「ラッドリー、きみがきめなきゃ。いつまでも腹をたてつづけるか、シャーマンといっしょに笑えるようになるか。だれにもそれはきめられない、きみにしか」
「パパは、ぼくとシャーマンになかよくなってほしいと思ってる。それはわかってるんだ。でも、ブリジットやシャーマンがすることで、ぼくには気に入らないことが、いろいろあるんだ」
　ラッドリーは反論します。
　キャプリス姉さんは、「それはふつうのことだわ」と言いました。
「だれにだって、いいところもあれば、よくないとこ

ろもあるんだもの」
　ラッドリーの気もちはおさまりません。
「だって、ブリジットとシャーマンは、ぼくの家族のような気がしないよ」
　こんどはドーニーが、「それだって、ふつうさ」と言いました。
「だって、こんなふうに新しい家族ができて、まだあんまり時間がたってないんだろ？　なれるには時間がかかるものだよ」
「きみたち、ふつう、ふつうって言うけど、ふつうの家族って、離婚なんかしないんじゃないの？」
　ラッドリーは、なんだか腹がたってきました。すると、キャプリス姉さんはこう言います。
「ねえ、ラッドリー。どの家族だって、それぞれで、みーんなちがうの。それに〝へんな家族〟なんてないわよ。あなたと同じような家族がいる子もたくさんいるし、あなたとはちがう家族がいる子もたくさんいるし。どんな家族だって、ハッピーになれるのよ。メンバーの一人ひとりがベストをつくせばね」
　ラッドリーは、しばらくだまって考えていました。そして、言いました。
「でも、パパがブリジットやシャーマンといっしょにいると、ぼく、すごくさびしいんだ」

第7話　パパの家族とすごす夏

「新しい家族ができたばかりだもんね。ねえ、いっしょになにかやるようにしてみたら？　たとえば、相手が知らないことを教えっこするとか、いっしょにお手伝いするとか、遊ぶとか」

キャプリス姉さんが言いました。

「あのさ、ラッドリー」と、ドーニーがつけたしました。

「子どもってさ、くやしいけど、だれと家族になるかはきめられないんだよ。でも、そこで問題をおこすか、問題を解決するかは、自分できめられるんだ。つまりさ、家族のメンバーのために、ちょっとなにかやってみることは、けっきょく、自分のためにいいと思うんだよ」

ラッドリーはまたしばらく考えていましたが、やがて言いました。

「ためしてみるよ」

「やってみて。自分にしてほしいように、相手にしてあげればいいのよ。ためしたら、どうだったか、わたしたちに教えてくれる？」

キャプリス姉さんが言いました。

「うん」

ラッドリーは約束しました。

そのあとラッドリーは、キャプリスとドーニーにさ

よならを言って、ふたりが話していたことを考えながら、だいじな箱をかかえてもどりました。

　ラッドリーは箱をスーツケースにもどしてから、台所におりていきました。そして、みんなに言いました。
「おなかがいたいの、よくなったよ」
「よかった」
　ブリジットがにっこりして言いました。
「チョコレート・チップ・アイスクリームを食べない？あなたが好きだってパパから聞いたから、特別に買っておいたのよ」
　チョコレート・チップ・アイスクリームだって!?
いつもパパといっしょに食べた、ふたりの大好物です。
　ブリジットは、みんなにアイスクリームを取りわけてくれました。
　食後はみんなであとかたづけです。パパはテーブルをかたづけ、シャーマンはお皿を洗い、ラッドリーがそれをふき、ブリジットが戸だなにしまいました。
「みんなでやると、早いねえ！」
　パパが言いました。
「すごいチームプレイだ。このあとは、なにをしようか」
　ラッドリーは、ちょっともじもじしながら、でも勇

第7話　パパの家族とすごす夏

気をだして言ってみました。
「ステップ・タッグっていうおにごっこをやってみない？」
　おどろいたことに、みんな、「やろう！」と言いました。
　ブリジットが最初に目かくしをしました。ブリジットのからだをぐるっと一回転まわしてから、みんなそれぞれちがった方向へ、大またで一歩、はなれました。
　ラッドリーはブリジットに、歌を教えてあげました。

　　　ステップ　タッグ、ステップ　タッグ
　　　一歩だけ　にげろ
　　　ステップ　タッグ、ステップ　タッグ
　　　つかまえるぞう

　ブリジットが歌うと、こんどはラッドリーが、ブリジットに言いかえします。

　　　ステップ　タッグ、ステップ　タッグ
　　　見つけてごらん
　　　ステップ　タッグ、ステップ　タッグ
　　　つかまりっこないよ

パパとシャーマンも、まねをして歌いました。
　ブリジットは、片足を軸にしてぐるぐるまわりながら、だれかをつかまえようと、けんめいに手をのばしています。みんなは身をかがめ、息をひそめてじっとしていました。
　ブリジットは、あちこち手をのばしますが、だれかをつかまえることが、なかなかできません。
　とつぜん、ブリジットが大声をあげました。

「ラッドリー、つかまえた！」
　パパと子どもたちは、おなかをかかえて笑いました。
　ブリジットが目かくしをはずしました。つかまえたのは、コートかけにかかっていたラッドリーのジャケットでした。
　それがわかったとたん、ブリジットも、みんなといっしょに大笑い。とてもいい負けっぷりです。
　そのときパパがブリジットをだきしめて、ふたりで笑っているのを見ても、ラッドリーは、まえのようにいやな気もちはしませんでした。
　つぎはラッドリーの番です。どうどうとやるつもりです。
　シャーマンにからだを一回転させてもらいながら、ラッドリーはひとりごとをつぶやいていました。
「ことしの夏休みは、あんがい楽しいかも……」

第7話　パパの家族とすごす夏

guide
大人のためのガイド

この物語には、ラッドリーという男の子が、再婚した父親一家を訪ねたときの出来事が描かれています。あなたの身近にいるお子さんも、ラッドリーと同じような思いを抱えているかもしれませんね。

ストレス
子どもにとって離婚はストレスですが、両親のあいだを行き来することがストレスになることもあります。とくに、親が前配偶者と直接に話すかわりに、子どもをメッセンジャーにしようとするとき、子どもに大きなストレスを与えます。

生活習慣の変化に対する不安
家族のどんな小さな習慣も、子どもにとってはたいせつな「きまりごと」です。離婚によって、それまで当然だった「きまりごと」は多くの場合、変わってしまいます。その変化が子どもにとって、不安の種となります。なぜなら、つぎになにが起こるのか、子どもには予測がつけられなくなるからです。

嫉妬
子どもはときに親に対して、とくに異性の親に対して、特別な所有欲を抱くものです。そのため、親の新しい配偶者を、自分と親との関係をおびやかす存在と感じることがよくあります。

権威の葛藤
子どもは新しい親を、「親」としてなかなか認めたがりません。多くの場合、実の親よりも新しい親を低く見ようとしがちなものです。

引きこもり

新しい人間関係を避けたいという気持ちから、孤独を求めるようになることはよくあります。新しくできたステップファミリーのなかで、子どもが、家族そろっての行動に加わるのをいやがることがあります。それは、まだなじめない環境のなかに身をおくより、ひとりでいるほうがいいと思うからです。

子どもといっしょにこの物語を読んでみてください。
こうした感情は、ステップファミリーを訪問したとき、多くの子どもたちが同じように経験するものだと、子どもは理解できるでしょう。ラッドリーが直面した問題と、彼がそれをどのように解決したかについて話しあうことで、子ども自身の気持ちや行動について、話しあうきっかけをつかめるといいですね。

あなた自身の言葉で、あなたの状況にあわせて、つぎのようなポイントについて子どもに説明してあげてください。
● 自分の気持ちを言葉で伝えて、問題を解決するために前向きに行動することは、子ども自身にとってもたいせつなことである。
● どんな人も長所と短所の両方をもっている。だから、人とのつきあいは忍耐づよくするものである。
● どの子も家族の行事に参加し、また家族でなにかきめるときには、自分の考えを話すことがたいせつである。
● 離婚によって、もとの家族は離れて暮らすことになる。でも、いい関係を保ちつづけるために、一人ひとりが最善をつくすことが必要である。
● 生活習慣の変化にストレスを感じるかもしれない。でも、変化があるということは、新しい経験に出会えるということでもある。
● 親の新しい配偶者とよい関係を築くことは、実の親への裏切りではない。

● 楽しく過ごそうと心がけていると、はじめはそんな気分でなくても、徐々に気持ちが好転してくるものである。
● 親は、家族への愛情や心づかいをその行動であらわすものである。
● 子どもは尊敬と思いやりの心をもって、ステップファミリーのそれぞれとつきあうべきで、そうすることで、相手からも同じように接してもらえる。
● 他人のふるまい方を変えようとするのではなく、ただ自分のふるまい方を変えさえすればよいこともある。

加えて、親にとっても、つぎのようなことがたいせつです。
● 父親の家、母親の家それぞれに、子どもが自分の物を置くための、その子だけのスペースを、両親は用意してあげるのがよい。
● それぞれに違いがあったとしても、根本的なルールについては、両方の家庭で一致していることがたいせつである。

[訳者あとがき]

　親にとって子どものしあわせは最大の関心事です。でも、親の離婚で子どもが味わう深い悲しみ、孤独、怒り、恐れ、自責……、それらがもたらす諸問題。そのことに周囲の大人が気づくには、長い時間が必要でした。
　離婚先進国といわれるアメリカにおいてさえ、「子どもの健全な成長のためには、いっしょに住んでいない親との交流も必要」と考えられはじめたのは、たかだか三十年ほどまえからということです。
　日本でも最近やっと、離婚後の親子の面会交流のたいせつさが認識されてきました。ところが、無視できない新たな問題もでてきています。片方または両方の親の再婚です。子どもの心の安定を傷つけないために、さらに慎重な配慮が求められます。

●

　この課題を解決する糸口を、この本に見いだしました。
　親は前配偶者との別れ、新しいパートナーとの出会いで安堵や喜びをかみしめていて、子どもも同じ気持ちと信じて疑いません。子どもはそんな親へ、胸のうちの不安やとまどいをとてもうちあけられずにいます。国は違っても、親心・子ども心は同じ、と、なんだか心温まるものをまず感じました。
　新たな変化が起こるたび、子どもの心に浮かぶ思い──「いままでどおりがいいのに」「こんなことになったのは私のせい？」「新しいパートナーに私の親をとられるのでは？」「新しい親ができることは、離

れて住んでいる親ともう会えないということ？」「新しい親となかよくなると、いっしょに住んでいない親が悲しむのでは？」……。こんな微妙な問題をまともに親子で話しあう勇気って、なかなかふつうはもてないものですね。

　この本に登場する子どもたちは、こうした気持ちを階段下に住むステップキンたちには思いきりぶつけることができ、「家族」の問題に正面からむきあうエネルギーと知恵を得て、それぞれ新たなスタートをきっていきました。

●

　同じ状況の下にいる日本の子どもたちも、ステップキンに出会ってほしいと願わずにはいられません。あわせて、その子どもたちのまわりにいるすべての大人たち——お父さん、お母さん、新しいお父さん、新しいお母さん、おじいさん、おばあさん、先生方……の耳へ、ステップキンと子どもたちが語らう声が届くことを祈ります。

　ステップキンたちが言うように、「愛って、多くの人とわかちあっても減るものではない」と子どもたちに知ってほしい。子どもはたくさんの人から愛されていいと、そしてなにより、どちらか一方の親を選ぶ必要なんてないと、子どもたちに伝えたい。

　同じ思いの仕事仲間が、前作『ココ、きみのせいじゃない』同様、この本の出版にあたってさまざまなアドバイスをしてくれました。心より感謝いたします。

　　2006年春

　　　　　　　　　　　　　　　　　　　　　　　　中川雅子

ステップキンと7つの家族
[再婚と子どもをめぐる物語]

2006年5月5日　　初版印刷
2006年5月15日　　初版発行

著者──────ペギー・ランプキン
訳者──────中川雅子
絵───────永田智子
装丁──────有吉一男
発行──────太郎次郎社エディタス
　　　　　　　東京都文京区本郷4-3-4-3F　〒113-0033
　　　　　　　電話 03-3815-0605
　　　　　　　出版案内サイト http://www.tarojiro.co.jp
　　　　　　　電子メール tarojiro@tarojiro.co.jp
印字・印刷────厚徳社
製本──────難波製本

定価はカバーに表示してあります
ISBN4-8118-0719-7
日本語版 © Masako NAKAGAWA & Tomoko NAGATA 2006, Printed in Japan

●著者紹介
ペギー・ランプキン（Peggy Lumpkin）
教育学専攻。17年間、人事部門の役職につき、ライティング・セミナーを教えてきた。著者自身、離婚家庭に育ち、みずからも子どもをつれて離婚を経験。離婚やステップファミリーの問題を乗り越えるよりよい方法が、親と子の双方に必要であることを、なによりもたいせつに考え、この本を書いた。

●訳者紹介
中川雅子（なかがわ・まさこ）
私立中・高校、家庭塾での英語教師をへて、現在、家庭裁判所調停委員。離婚調停などの仕事にたずさわっている。翻訳書に『ココ、きみのせいじゃない』（太郎次郎社エディタス）がある。

●太郎次郎社エディタスの本　　　　　　　　　　　　＊──定価は税別です

ココ、きみのせいじゃない
はなれてくらすことになる ママとパパと子どものための絵本

ヴィッキー・ランスキー 著／ジェーン・プリンス 絵
中川雅子 訳

親と子が離婚という転機をのりこえるのをサポートする絵本。主人公のこぐまのココ。ある日、ママとパパが「だいじな話がある」ってココに言うところから、お話は始まります。親としての葛藤や悩みに応えてくれる具体的なアドバイス欄があります。●オールカラー上製・1300円

ありのままの自分がいい
少年期・思春期のセクシュアリティ──こころとからだの本

クレア・パターソン 著／リンジィ・クィルター 絵
eq Press（イク・プレス）訳

おとなになりはじめたあなたの変化について、親も先生もあまり教えてはくれませんね。友だち同士でだって話しづらいこともあります。そうしたあなたのからだや心の不安に答える本。ニュージーランド図書館協会「子どもノンフィクション大賞」受賞。●AB判上製・1800円

離婚後の親子たち

氷室かんな 著

夫婦はやめても、親はやめない。──そうはいっても離婚後の親子関係、みんなどうしているのか。別れた相手と協力なんてできるのか。子どもは本当はどう思っているのか。生き別れる親子がいる。訪ねあう親子がいる。ともに子育てする元夫婦がいる。〈元夫〉と〈元妻〉と〈子どもたち〉に取材した、葛藤と希望と本音。新たな離婚後のかたちを求めて。●四六判・1800円